윌리엄 오닐

최고의 주식
최적의 타이밍

성공투자 스토리

윌리엄 오닐

최고의 주식
최적의 타이밍

== 성공투자 스토리 ==

에이미 스미스 지음 | 이건 옮김

P page2

투자가 버겁게 느껴지거나 확신이 서지 않는가?
당신은 지금 인생을 바꿀 중대한 기회 하나를 흘려보내고
있는 것이다! 지금 당신을 가로막고 있는 걸림돌은
오직 당신의 의심과 주저뿐이다.

-윌리엄 오닐

제대로만 배운다면
누구나 성공할 수 있다

이 책에는 투자자라면 누구나 부러워할 만한 투자 성공담과 그 같은 성과를 거두게 된 비결이 가득 담겨 있다. 50여 명의 성공한 투자자들을 인터뷰해 그들의 성공 비결을 담은 이 책을 펴낸 에이미 스미스는 그녀 역시 뛰어난 투자자로, 여러 해 동안 성공적인 투자를 이어오고 있다. 성공의 비결을 묻는 사람들에게 에이미는 "윌리엄 오닐의 『IBD Investor's Business Daily』와 캔 슬림 CAN SLIM 법칙 덕분에 훌륭한 투자 기법을 배울 수 있었다"고 말했다. 그녀는 또한 "이 과정에서 오닐이 캔 슬림 법칙의 정수를 담아 만든 『IBD』가 크게 도움이 되었다"고 덧붙였다.

나는 캔슬림 법칙을 실제 시장에 적용했을 때 어떤 성과를 얻을 수 있는지 공유하고자 『IBD』를 창간하고, 지역별로 투자자들의 소

모임을 운영하고 있다. 내가 에이미를 처음 만난 것 역시 몇 년 전 성황리에 개최된 『IBD』 투자자 모임에서였다. 나는 강사였고, 그녀는 강연에 참석한 회원이었다. 강연이 끝난 다음에도 그녀는 몇몇 사람들과 함께 남아서 나와 이야기를 나누었다. 에이미는 시장이 돌아가는 원리를 잘 이해하고 있었다. 물론 다른 사람들도 매우 예리한 분석력을 가지고 있었다.

　내가 두 번째로 에이미를 만난 것은 채용 면접에서였다. 동료가 그녀를 채용하고 싶은데, 면접에 참석하겠느냐고 물었다. 면접장에서 그녀는 질문에 막힘없이 답했고, 캔 슬림 법칙이야말로 그녀가 투자에 성공할 수 있었던 열쇠라고 힘주어 말했다. 우리는 즉시 그녀를 투자자 모임 관리자로 채용했다. 몇 년 뒤 그녀는 상당한 수의 새로운 모임을 만들어냈고, 수천 명의 투자자 앞에서 강연하면서 청중과 자신의 투자 경험을 공유했다.

　이 책은 나의 전작 『최고의 주식 최적의 타이밍 How to Make Money in Stocks』을 보완한 속편이라고 할 수 있다. 에이미는 이 책에서 몇몇 투자자의 투자 여정을 소개할 것이다. 짐작하겠지만, 이들은 모두 큰 성공을 거뒀다. 이 책은 이들이 투자하면서 얻은 통찰과 아이디어를 자세히 설명한다. 이들은 투자를 시작한 이유, 성공의 틀을 개발하는 과정, 투자하는 과정에서 발견한 자신의 강점과 약점에 관해 솔직히 털어놓고 그 실마리를 공유한다. 강력한 통찰을 지닌 이들은 말한다. 투자는 시간과 노력을 들일 만한 가치가 있는 일이며, 투자

7

에 나선 이후 자신의 인생이 바뀌었다고.

캔 슬림 법칙을 숙지한다면 누구나 투자에 성공할 수 있다. 에이미와 이 책에 소개된 투자자들은 모두 절실하게 원하고 성실히 노력하고 과감하게 도전하면 무엇을 성취할 수 있는지 보여주는 생생한 표본이다. 누구나 성공할 수 있다. 당신이 무엇을 배우고 습득해야 하는지, 그 모든 정보는 준비되어 있다. 시작은 당신 몫이다.

물론 투자는 쉽지 않은 일이다. 투자를 배우기로 결심했다면, 그 결단과 집중력이 당신을 성공으로 이끄는 경쟁력이 되어줄 것이다. 그런데 결심은 했지만, 지금 이 책을 읽으면서도 투자가 버겁게 느껴지거나 확신이 서지 않는가? 그렇다면, 에이미와 나는 이렇게 말하고 싶다. 당신은 인생을 바꿀 중대한 기회 하나를 흘려보내고 있노라고! 극적으로 들리지 않는가? 이미 수십만 명의 투자자가 캔 슬림 투자법을 적용해서 성과를 냈다. 지금 당신을 가로막고 있는 걸림돌은 오직 당신의 의심과 주저뿐이다.

이 책은 당신의 용기를 북돋워줄 것이다. 남편과 사별한 직후 직장까지 잃은 에이미는 혼자 힘으로 부자가 되었다. 아무런 배경 지식도 없는 상태에서 투자를 시작했지만, 에이미는 용감하게 도전했고 끝끝내 성공을 일궈냈다. 에이미가 인터뷰한 내용에서 알 수 있듯, 경험은 물론 큰 밑천도 없이 시작해서 성공한 투자자는 많다. 심지어 전문가라고 하는 이들조차 처음에는 아는 것이 거의 없었다. 이 책을 통해 성공을 일궈낸 이들의 기법, 실수와 주저를 극복한 방법에 대해 알아볼 것이다. 이 책을 읽어가다 보면 당신 역시 이들처럼 투자가 추구할 만한 가치가 있는 행동이라고 느끼게 될 것이다.

투자 경력이 길다고 해서 내가 당신보다 월등히 나을 거라고 생각하지는 말기 바란다. 투자를 처음 배우기 시작했을 때 나 역시 사실상 아무런 경험도 없었다. 에이미와 다른 투자자들 역시 마찬가지였다. 투자는 당신이 감히 접근할 수 없는 엘리트들만의 전유물이 아니다. 만일 그렇게 생각했다면, 이는 완전히 잘못된 생각이다. 다시 한 번 강조하지만, 당신을 가로막는 가장 커다란 걸림돌은 당신의 의심과 주저다. 도전에 나서기로 결단하고, 어떤 고난이 있어도 이 도전을 이어가겠다고 자신에게 약속하고, 긍정적인 마음 자세로 결단한 바를 실행해 나가기 바란다. 그렇게 하면 이 책이 큰 도움이 될 것이다. 이 책을 읽은 다음, 이 책이 얼마나 큰 힘이 되었는지 생각해보라. 나는 이 책을 읽고 나서 여러분 모두의 성공을 기대하게 되었다.

당신도 성공할 수 있다!

우리가 당신의 투자 여정을 도울 것이다.

당신의 성공을 기원한다.

윌리엄 오닐
William J. O'Neil
『IBD』 설립자 겸 회장

차례

상황에 휘둘리지 마라. 당신이 상황을 주도하라

"상황에 휘둘리지 마라. 당신이 상황을 주도하라." 액션 배우 성룡의 말이다. 이 책에 담긴 이야기의 주인공들은 모두 성룡의 말처럼 자신이 처한 상황에서 주도적으로 행동했다. 당신도 상황을 멋지게 주도해서 당신의 인생과 미래를 결정할 수 있다. 돌아보면 나의 투자 여정은 놀랍기만 하다. 나는 전혀 생소한 투자의 세계에 발들이길 잘했다고 매일 실감하고 있다.

나는 대학에서 연극을 전공했고, 여러 해 피트니스 트레이너로 일했다. 주식시장에 대해서는 전혀 아는 바가 없었다. 하루는 고객이 나에게 새로 나온 인기 영양 음료에 대해 물었다. 고객은 이 회사 주식이 투자 대상으로 유망하다고 생각해서 들뜬 상태였다. 주식에 대해 전혀 알지 못했던 나는 이 회사에 대해 알아보려고 서부의 『월스트리트 저널The Wall Street Journal』이라 불리는 투자 전문지『IBD』를 한 부 샀다.

「인기 종목 정보hot stock tip」를 확인하던 중, 나는『IBD』설립자 겸 회장 윌리엄 오닐이 무료 워크숍을 진행한다는 광고를 보았고, 참석하기로 마음먹었다. 오닐은 주식과 시장에 대해 알아듣기 쉽게 설명해주었다. 그는 혁신적인 기업들은 수요가 많은 신제품과 서비스를 생산하며, 그 결과 이익과 매출이 급증한다고 했다. 그는 또한 자신의 분석을 바탕으로 정립한 투자 방법을 소개했다. 그의 캔 슬림 투자법은 합리적이고 타당해보였다. 절대 과장 광고 따위는 아니라고 확신할 수 있었다. 집에 돌아오자마자 나는『IBD』를 정기 구독하기 시작했다. 그리고 그의 독특한 식견을 담은 투자법을 실제로 투자에 적용해보았다. 나는 금세 캔 슬림 투자법의 효과를 곧 실감할 수 있었다.『IBD』는 성공 주식을 찾아주는 놀라운 신문이었다!

내가 구독 신청했을 당시에 이 신문은 저녁에 배달됐다. 나는 해질 무렵이 되면 5분마다 창문을 내다보면서 신문 배달 소년이 오기만을 기다렸다. 그러다 신문이 배달되자마자 가져와 침대에 앉아 읽으면서 오닐이 무료 워크숍에서 가르쳐준 대로 후보 종목들에 동그라미 표시를 했다. 신문은 믿기 어려울 정도로 잇달아 성공 종목을 찾아냈다.

투자에 몰두하다 보면 고독해질 때가 있다. 나는 나처럼 투자에 열정을 갖고 있는 사람들을 만나고 싶어서『IBD』산타모니카 모임에 가입했다. 모임은 놀랄 만큼 즐거웠다. 더 일찍 가입하지 않은 게 후회될 정도였다. 나는 그곳에서 평생 친구가 될 만한 동료들을 만났다. 우리는 시장이나 선도주에 관해서 이메일로 계속 의견을 나눴다. 그러다 나는 모임 운영자로 지원했고, 모임 공동간사가 됐다.

어느 날 밤, 놀랍게도 오닐이 우리 모임에 나타났다. 내가 영웅처럼 생각하는 이를 이렇게 가까이에서 직접 만나다니, 짜릿한 순간이었다. 그 일을 계기로 나는 다른 지역의 『IBD』 모임 사람들도 알게 되었다. 얼마 뒤 오닐은 내게 일자리를 제안했다. 오닐을 비롯한 훌륭한 동료들과 근무하는 것은 나에게 기쁨이자 영광이다. 투자에 있어 전문가라 할 만한 이들이 투자를 하면서 얻게 된 통찰과 자신만의 성공과 실패의 경험을 솔직히 이야기해주었다.

나는 『IBD』에서 모임개발부Meetup Development Department를 책임지게 됐다. 또 다른 책임자인 팀 레이저와 나는 이 프로그램을 미국 전역으로 확대해서 투자자들을 『IBD』 모임으로 끌어들였다. 지역별 투자자 모임을 통해 사람들이 새로운 깨달음을 얻고 수익을 내는 모습을 보면서 나는 커다란 보람을 느꼈다.

성공한 투자자들을 많이 만나다 보니 이들의 경험을 공유해야겠다는 생각이 들었다. 출신 배경, 교육 정도, 직업, 연령과 상관없이 누구나 성공 투자법을 배울 수 있다. 이들의 성공담이 당신에게 용기와 영감을 주고 자극제가 되어주길 바란다.

소중한 시간을 내서 이 책을 위해 자신의 성공담을 이야기해준 모든 분에게 감사드린다. 이들의 성공담은 내게 활기를 주고 동기를 유발해주었다. 여러분도 이 책을 읽고 투자에 열정을 갖게 되길 바란다. 초보 투자자든 노련한 투자자든, 이들의 성공담이 당신의 투자 실력을 개선하는 데 도움이 될 것으로 믿는다.

성투를 기원한다.

에이미 스미스
Amy Smith

WINNING
SECRETS

01

입증된 시스템을 따르고
간단한 원칙만 지키고 적절히 배우기만 한다면,
사실상 누구나 투자에 성공할 수 있다.

|본문 중에서|

투자를 결심하다

입문

무슨 일이든 처음 시작할 때는 두려움을 느끼게 마련이다. 그 일에 대해 알아가는 과정은 물론 익숙해지기까지의 모든 단계가 두려움으로 다가온다. 처음 투자를 시작하는 사람들도 마찬가지다. 무엇이 필요할까? 투자에 관한 잡다한 것들을 배운다 한들 내가 투자에 성공할 수 있을까? 경험 많은 투자자라면 실적을 개선할 수 있을지 궁금해할 것이다. 답은 '예스'다. 확실히 그렇다. 입증된 시스템을 따르고 간단한 원칙만 지키고 적절히 배우기만 한다면, 사실상 누구나 투자에 성공할 수 있다.

누구나 성공할 수 있다

누구나 자신의 삶과 재정 상태가 나아지기를 바란다. 축하한다. 당신은 기회를 잡았다. 동기가 무엇이든 상관없다. 근사한 휴양지에서의 멋진 휴가, 핫플레이스에 자리 잡은 넓고 아름다운 집, 든든한 노후 대비, 자녀나 손자의 학자금 마련, 넉넉한 여윳돈, 완전한 재정적 독립 등 모두 좋다. 입증된 투자 전략을 따르고 간단한 원칙만 지키면 된다.

마이크 스콧은 캘리포니아 방위 산업에 감원 바람이 불자 해고를 당하고 전업 투자를 시작했다. 캘빈 시는 닷컴 거품 붕괴로 아버지의 계좌가 망가지는 것을 지켜보며 투자를 제대로 배우기로 마음먹었다. 캐럴 손테레는 남편의 퇴직연금이 축나는 것을 막으려고 투자를 시작했다. 제리 파월은 50세 때 담당 업무가 변경되면서 근무 시간의 60%를 길에서 보내게 되자 투자로 눈을 돌렸다. 알로하 마이크는 기업의 착취에 환멸을 느끼고 전업 투자자로 나섰다. 짐 타우브는 노후에 대비하기 위해 은퇴소득을 찾고 있었다. 타운센드 볼드윈은 아르헨티나에서 인도주의 활동을 하던 중 닷컴 거품 붕괴로 재정 파탄을 맞았다. 캐서린 필립스는 다발성경화증을 진단받고 집에서 일하게 됐다. 가이 윌시는 개인퇴직계좌에서 손실이 발생하는 것을 참을 수 없었다. 아닌도 마줌다는 회사를 그만두고 가족과 보내는 시간을 늘리고 싶었다. 카트리나 렌시는 2008년 약세장 때 아버지가 물려준 자금 중 상당액을 날려버렸다. 바라니 라마무시는 IT 전문가로 벌어들이는 소득을 더 불리고 싶었다. 브라이언 곤잘레스는 학자금 대출을 상환하고 싶었다. 지니 맥그루는 남편의 퇴직연금을 운용하는 투자자문사가 해마다 손실을 내자 실망한 나머지, 자신이 직접 하는 편이 낫겠다고 판단했다. 켄 친은 재정적으로 독립하기를 원했다. 바버라 제임스는 사별하고 일자리를 잃자 소득원이 필요해졌다.

이렇듯 배경도, 나이도, 성별도 다양한 이들에게는 공통점이 있다. 자신이 세운 투자 원칙을 뚝심 있게 밀고 나가 주목할 만한 성과를 일궈냈다는 것이다. 그 바탕에 윌리엄 오닐의 캔 슬림 투자법이 있었음은 물론이다.

모든 답은 시장에 있는 법

사실, 투자에 발을 들여놓은 이들 중 대부분의 사람이 시장에서 돈을 잃는다. 그렇다고 해서 당신 역시 돈을 잃는 경험을 할 필요는 없다. 많은 사람들이 잘 모르는 사실인데, 당신은 시점을 선택할 수 있다. 게다가 몇 가지 기본 원칙만 준수해도 승산을 높일 수 있다. 가장 중요한 원칙은 시장의 전반적인 추세를 따라야 한다는 것이다. 다만 역사적으로 볼 때 '장기 보유' 전략은 그다지 효과가 없었다. 장기 보유 전략을 따른 탓에 2007~2008년 약세장에서 손실을 본 투자자가 많다. 개인 계좌는 물론이고 개인퇴직계좌에서도 손실이 발생했다. 기존 투자 방식으로는 은퇴 후 생활비를 충당할 수 없는데도 그대로 안주하는 베이비 붐 세대가 너무도 많다.

개인투자자의 가장 큰 장점은 포지션을 조정하는 데 몇 달이나 걸리는 기관투자가보다 훨씬 자유롭게 시장을 들락거릴 수 있다는 점이다. 그러나 안타깝게도 수많은 개인투자자가 이 같은 장점을 활용하지 못하고 시장에서 좌절하고 있다. 모든 답은 시장에 있는 법. 『IBD』는 1880년까지 거슬러 올라가며 시장에서 나타난 온갖 유형을 조사했다. 최대 상승 종목에 대해서는 심층 분석을 수행하고, 이들이 상승하기 전에 어떤 공통된 특성을 보여주었는지 조사했다.

시장과 투자에 대한 지식이 부족하다거나 과거에 실패한 경험이 있다고 해서 겁먹을 필요는 없다. 과거에 성공하지 못했다고 해서 미래에 성공할 수 없는 것은 아니다. 실제로 사람들이 투자에 실패하는 이유는 명확한 전략이나 투자법이 없기 때문이다. 많은 사람이 특정 회사를 좋아해서, 누군가에게 비밀 정보를 들어서, 또는 최근 하락폭이 커서 싸 보인다는 이유로 주식을 산다.

시장에서 대규모 자금을 움직이는 주체는 기관투자가들이다. 이들은 수요가 몰리는 종목을 찾는다. 누구나 애플Apple이라는 이름을 알 것이다. 애플은 완벽하게 혁신적인 제품을 개발하며 2004~2012년 막대한 수요를 창출한 대표적인 기업이다. 애플의 혁신은 이익과 매출의 급증으로 이어졌고 펀드, 은행, 연기금, 헤지펀드 등 기관투자가들의 관심을 사로잡았다.

대박 종목을 발굴해내는 것은 생각보다 어렵지 않다. 시장의 주기마다 찾아오는 모든 강세장에서 이런 대박 종목이 나온다. 과거를 돌아보고 지침으로 삼으면 된다. 내부정보도 필요 없고, 월스트리트에서 근무하는 친척이 없어도 된다. TV에서 알려주는 정보에 귀 기울일 필요도 없다. 진정한 시장의 승자라 부를 만한 최고의 주식을 찾아낼 수 있다면 어떻겠는가? 이런 주식은 주요 이동평균을 훨씬 뛰어넘는 움직임을 보인다.

이제부터 시장에서 높은 수익을 거두는 짜릿한 여행을 시작해보자. 다음과 같은 요소만 갖추면 된다.

- 차트를 분석하는 데 충분한 시간을 들인다.
- 절제력을 갖는다.
- 세월의 시험을 견뎌낸 원칙을 따른다.
- 실수를 기꺼이 인정하고 즉시 바로잡는다.

이제 출발이다!

WINNING
SECRETS

02

나아갈 때와 물러설 때를 알고 행동하라

知覺進退 進退有節

| 손자병법 |

추세와 시점 선택

준비

투자자는 겸손해야 한다. 시장에 맞서면 안 된다. 시장의 전반적인 추세에 순응해야 한다. 『손자병법』에 '지각진퇴 진퇴유절知覺進退 進退有節'이란 말이 있다. 나아갈 때와 물러설 때를 알고 행동해야 한다는 뜻이다. 시장에서도 마찬가지다. 우리는 나아갈 때와 물러설 때를 알고 행동해야 한다. 그런데 중요한 것 하나, 우리는 그 시점을 선택할 수 있다.

시장의 추세를 이해하라

주식시장이 항상 오르기만 하면 좋겠지만, 시장에는 주기가 있어서 오를 때가 있으면 내릴 때도 있는 법이다. 다시 말해, 시장에 머물면서 수익을 극대화해야 할 때가 있는가 하면 시장에서 빠져나와 손실을 피해야 할 때도 있다. 따라서 시장이 상승세인지 하락세인지 파악하는 것은 매우 중요하다. 상승세일 때 투자해야 한다는 것이 가장 중요하다.

이와 관련, 『IBD』「빅픽처 Big Picture」칼럼의 '마켓 펄스 Market Pulse' 섹션에선 추세를 세 단계로 구분한다.

1단계 확인된 상승장(주식을 사기에 좋은 시점)

2단계 압박받는 상승장(조심할 시점, 신규 매수는 자제)

3단계 조정장(시장에 매물이 나오는 시점, 보유 종목의 이익 실현을 고려하고 신규 매수는 자제)

새로운 추세의 시작, '팔로스루 데이'

'팔로스루 데이 follow-through day'는 시장의 전반적인 추세가 하락에서 상승으로 바뀌는 중요한 변화를 알려준다. 주요 지수가 며칠 동안 저점에서 반등하며 1.5% 이상 높은 가격에 장을 마감한다. 거래량도 전날보다 증가한다. 이런 움직임은 전문가들의 자금이 시장에 들어와 지수와 선도주를 끌어올린다는 신호다.

팔로스루 데이가 모두 새로운 추세로 이어지는 것은 아니지만, 새로운 추세는 모두 팔로스루 데이로 시작된다. 특히 선도주들이 박스권을 벗어날 때 강력한 팔로스루 데이가 나타난다. 따라서 조정 중인 선도주들을 항상 지켜보고 있다가 박스권을 벗어나 팔로스루 데이가 나타날 때 매수하면 된다.

상승세가 끝나고 조정장이 시작되는 '디스트리뷰션 데이'

'디스트리뷰션 데이distribution day'는 주요 지수에서 대규모 매도가 나타나는 날이다. 대규모 매도로 주요 지수가 0.2% 이상 하락하며, 거래량도 전날보다 증가한다. 캔 슬림 투자법은 주로 S&P와 나스닥 지수를 기준으로 디스트리뷰션 데이를 판단한다.

4~5주 동안 디스트리뷰션 데이가 5~6일 나타나면 지금까지의 상승세가 하락세로 바뀌기에 충분하다는 신호이며, 단기간에 걸쳐 디스트리뷰션 데이가 집중될수록 추세가 변할 확률은 더욱 높아진다. 매물이 대규모 증가하는 것은 전문가들의 자금이 시장에서 빠져나가고 있다는 신호다. 대개 4개 종목 중 3개 종목은 전반적인 시장 추세를 따라가는 경향을 보이기 마련이므로, 시장이 하락세를 나타내면 대세에 역행하지 않는 게 상책이다.

나스닥 주봉 차트(2008~2012)

박피처 – 시장의 방향 변화

조정장 – 2012년 4월 4일

확인된 상승장 – 2012년 7월 26일

조정장 – 2011년 7월 27일

확인된 상승장 – 2011년 12월 10일

확인된 상승장 – 2010년 9월 1일

조정장 – 2010년 5월 4일

확인된 상승장 – 2009년 3월 12일

32

나스닥 일봉 차트(2002~2003)

지수 척도

1500
1450
1400
1350
1300
1250

팔로스루 데이 이후 박스권을 벗어난 선도주

SINA
HAR
CTX, AVID.
ASKJ
DKS
NTES, UNTD,
SOHU, HITK
ANSI
HOV, JCOM
TEVA, UOPX
MATK
CECO, IGT, NFLX,
YHOO
OVTI
COH
SCHN

4일 팔로스루 데이 (+3.88%)

티커
SCHN_ 슈나처 스틸 인더스트리
COH_ 코치
OVTI_ 옴니비전 테크놀로지
CECO_ 커리어 에듀케이션
IGT_ 인터내셔널 게임 테크놀로지
NFLX_ 넷플릭스
YHOO_ 야후!
MATK_ 리마크 미디어
TEVA_ 테바 파어슈티컬
UOPX_ 유니버시티 오브 피닉스 온라인
HOV_ 호브네니언 엔터프라이스
JCOM_ J2 글로벌
NTES_ 넷이즈
UNTD_ 유나이티드 온라인
SOHU_ 소후닷컴
HITK_ 하이 테크 파마컬
ANS_ 어드밴스드 뉴로모듈레이션 시스템즈
DKS_ 딕스 스포팅 굿즈
GX_ 센텍스
AVID_ 애비드 테크놀로지
ASKJ_ 애스크지브스
HAR_ 하먼 인터내셔널 인더스트리스
SINA_ 시나닷컴

거래량(100주)
16,000,000
12,000,000
8,000,000
4,000,000

2
5월
18
4
4월
21
21
3월
7
21
2월
7
24
10
1월
27
13
12월
29
15
1

33

WINNING
SECRETS

03

제자가 준비되면 스승이 나타난다.

| 우파니샤드 |

새로운 대박 종목을 찾아라

훈련

    인도의 고대 철학서 『우파니샤드』를 보면 배울 준비를 마친 학생에게는 스승이 나타나는 법이라는 격언이 나온다. 앞서 시장의 추세를 분석하면서 상승과 하락의 조짐을 찾아내는 법을 설명했다. 우리는 준비를 마쳤다. 이제 투자에 나설 때다. 당신이 초보 투자자이든 선수라 불릴 만한 전문 투자자이든 스승이 되어줄 만한 방법을 소개한다. 바로 캔 슬림 투자법이다. 캔 슬림 투자법은 대박 종목들이 본격적인 상승세를 나타내기 전에 보여주는 공통점들을 이용해 새로운 대박 종목을 찾아내는 기법이다.

대박종목에는 공통점이 있다

대박 종목들에 공통점이 있을까? 1960년대 당시 젊은 주식 중개인이었던 윌리엄 오닐이 던진 질문이다. 그는 1950년까지 거슬러 올라가면서 대박 종목들을 분석했다. (현재 『IBD』는 1880년까지 거슬러 올라가면서 최고 실적을 기록한 종목들을 지속적으로 분석하고 있다) 그는 대박 종목의 실적을 빠짐없이 철저히 분석하고자 했다. 이를 위해 컴퓨터 산업이 초창기였음에도 프로그래머와 통계 전문가를 고용해 주식 데이터를 분석했다. 이 방법은 효과가 있었다. 컴퓨터를 동원한 그의 선구적 연구는 큰 성공을 거뒀다. 그는 대박 종목들이 상승세를 보이기 전에 나타내는 7가지 공통점을 찾아냈다. 이것은 이후 수십 년 동안 수많은 전문가와 개인투자자들에게 도움이 된 캔슬림 투자법의 근간이 되었다.

캔 슬림의 각 철자는 대박 종목들의 공통된 특성을 가리킨다.

- **C** **최근 분기 이익**Current Quarterly Earnings 최근 분기 이익이 25% 이상 증가. 대박 종목 중에는 증가율이 세 자릿수인 기업도 많다.
- **A** **연이익 증가율**Annual Earnings Growth 증가율 25% 이상. 높을수록 더 좋다.
- **N** **새로운 면모**New 신제품이나 서비스, 새 경영진 등 혁신을 나타내는 기업이 신고가를 기록하면, 이는 기관투자가들이 사

들이고 있다는 의미다.

S **수요와 공급**Supply and Demand 유통주식 수가 적거나 적정한 주식이 오래되고 시가총액이 큰 주식보다 많이 상승한다.

L **주도주와 부진주**Leader VS. Laggard 이익, 매출액, 자기자본이익률, 주가 등이 업종 최고인 종목.

I **기관의 뒷받침**Institutional Sponsorship 뮤추얼펀드, 헤지펀드, 연기금, 은행 등 전문가들의 자금이 주가를 끌어올린다.

M **시장의 방향성**Market Direction 상승장에서는 펀더멘털이 우수한 종목을 사고, 시장이 조정 국면으로 바뀌면 주식을 판다.

주식, 언제 매수해야 하나

차트를 분석하다 보면 주가가 바닥이나 박스권을 형성하는 것이 관찰된다. 거래량이 평균보다 40% 이상 증가하면서 바닥이나 박스권을 벗어나는 현상을 '돌파breakout'라고 한다. 이때가 바로 매수 시점이다. 바닥 패턴을 돌파하는 주식을 사면 승산이 높다. 시장의 역사를 돌아보면, 박스권을 돌파한 종목들은 이후에 더 상승하는 모습을 보였다. 반대로, 주가가 바닥권에 계속 머무는 종목을 사면 위험하다. 주가가 계속 하락해서 포지션을 청산해야 할 수 있기 때문이다.

캔 슬림 투자법에서 주목하는 바닥 패턴은 다음 세 가지다.

1   가장 흔한 바닥 패턴인 **손잡이가 달린 컵(이하 손잡이 컵) 패턴**

2   **쌍바닥 패턴** W 모양이지만, 왼쪽 바닥보다 오른쪽 바닥이 더 낮다.

3   **바닥 패턴** 주가가 이전의 상승 흐름을 소화하면서 좁은 폭으로 횡보하는 형태.

매수 포인트

바닥이나 박스권을 벗어나는 시점에 주식을 사면 성공률이 높아진다. 돌파 시점의 거래량이 평균보다 40% 이상 많은지 확인하라.

이에 더해 참고할 만한 매수 포인트는 다음과 같다.

- 3주 타이트 패턴(3주간 종가의 차이가 1% 미만인 경우)
- 거래량이 감소하면서 주가가 10주 이동평균선으로 후퇴하는 첫 번째나 두 번째 국면. 거래량이 많지 않은 것은 기관이 대량 매물을 내놓지 않고 계속 보유하고 있다는 의미다.

바닥 단계

주식에 매수세가 몰려 상승하는 과정에서 바닥이나 박스권이 형성된다. 처음 돌파가 나타난 이후, 계속 상승하는 주식은 거의 없다. 대부분의 주식은 멈춰 서서 숨을 고른 다음 추가 상승하는 모습을 보인다.

우리는 이런 바닥들을 첫째 단계, 둘째 단계, 셋째 단계 등으로 구분한다. 이렇게 단계를 구분하는 데는 이유가 있다. 『IBD』의 분석에 의하면, 초기 단계의 바닥이 후기 단계의 바닥보다 성공 가능성이 더 크기 때문이다. 주가가 큰 폭 상승하며 셋째, 넷째, 또는 다섯째 단계의 바닥에 이르면 대부분의 기관은 큰돈을 벌었으므로 이익을 실현하려고 한다. 이 원칙에도 일부 예외가 있다. 일부 주식은 후기 단계에도 계속 상승한다. 그러나 확률이 높은 쪽을 선택하는 편이 수익을 낼 가능성이 크다.

다음 페이지의 차트를 보라. 넷플릭스는 상승 과정에서 잇달아 바닥을 형성한 사례다. 이렇듯 초기 단계에 바닥을 형성한 주식을 찾아야 한다.

시장의 추세를 읽고 선도주를 찾아라

시장의 추세를 판단하려면,

1 『IBD』「빅픽처」칼럼의 '마켓 펄스' 섹션에서 현재 시장 추세를 찾아본다.

2 매일 'Investors.com'의 「마켓 랩 비디오Market Wrap Video」를 보면서 시장 상황과 선도주 동향을 점검한다.

넷플릭스(NFLX) 주봉 차트(2008~2011)

'netflix.com'을 통해서 2600만 가입자에게 TV 쇼와 영화 서비스를 제공하고 있다.

S&P500

3단계 셋바닥

2단계 손잡이 컵 바닥

1단계 손잡이 컵 바닥

약세장

상대강도선

주가 척도

460
420
380
340
300
280
260
240
220

190
170
150
140
130
120
110
100

90

80

70

60

50
46
42
38
34

30
28
26
24
22

19

17

15
14
13
12
11

거래량

24,000,000

18,000,000

12,000,000

6,000,000

2008.9 2008.12 2009.3 2009.6 2009.9 2009.12 2010.3 2010.6 2010.9 2010.12 2011.3 2011.6

43

선도주를 발굴하려면,

1 월요일과 수요일 판에서 「IBD 50」을 찾아본다.

2 미니 차트의 바닥 패턴을 보고 적절한 매수 포인트를 찾는다.

「IBD」 주가 차트 읽는 법

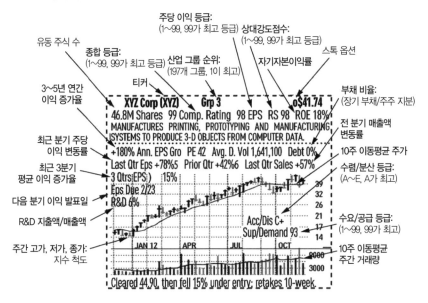

주당 이익 등급:
(1~99, 99가 최고 등급) 상대강도점수:
(1~99, 99가 최고 등급)

유동 주식 수

종합 등급:
(1~99, 99가 최고 등급) 산업 그룹 순위:
(197개 그룹, 1이 최고)

자기자본이익률

스톡 옵션

3~5년 연간
이익 증가율

티커

부채 비율:
(장기 부채/주주 지분)

최근 분기 주당
이익 변동률

전 분기 매출액
변동률

최근 3분기
평균 이익 증가율

10주 이동평균 주가

다음 분기 이익 발표일

수렴/분산 등급:
(A~E, A가 최고)

R&D 지출액/매출액

수요/공급 등급:
(1~99, 99가 최고)

주간 고가, 저가, 종가:
지수 척도

10주 이동평균
주간 거래량

XYZ Corp (XYZ)   Grp 3   o$41.74
46.8M Shares 99 Comp. Rating 98 EPS RS 98 ROE 18%
MANUFACTURES PRINTING, PROTOTYPING AND MANUFACTURING
SYSTEMS TO PRODUCE 3-D OBJECTS FROM COMPUTER DATA.
+180% Ann. EPS Gro PE 42 Avg. D. Vol 1,641,100 Debt 0%
Last Qtr Eps +78%5 Prior Qtr +42%6 Last Qtr Sales +57%
3 Qtrs(EPS) 15%
Eps Due 2/23
R&D 0%
Acc/Dis C+
Sup/Demand 93
JAN 12   APR   JUL   OCT
Cleared 44.90, then fell 15% under entry; retakes 10-week.

차트에서 주목해야 할 요소는,

이익 두 자리나 세 자리 숫자가 이상적이다. 높을수록 더 좋다.
매출액 전분기나 전년 동기 대비 증가율이 25% 이상이어야 한다.
자기자본이익률 17% 이상이어야 한다. 선도주 중에는 이보다 수
치가 훨씬 높은 종목이 많다. 회사의 자본 효율성을 보여주는 척
도다.

'Investors.com'의 「주식 동향 Stocks on the Move」에서 거래량이 이례적
으로 증가하는 종목(기관이 사들인다는 의미, 캔 슬림의 'I')을 찾아보라.
　현재 시장의 추세에 보조를 맞춰라. 선도주를 찾아 매수하라.

집단지성의 힘

『IBD』 모임은 미국에서 가장 빠르게 성장하는 금융 관련 클럽이
다. 한 달에 한 번씩 모여 캔 슬림 투자법을 논의하고 실제로 시장에
적용하고 있는데, 그 과정에서 성공한 투자자가 많이 배출돼 주목받
고 있다.
　이 모임에서는 일반적으로 현재 시장 추세, 선도주, 관심 종목을
논의한다. 또한 『IBD』 설립자 겸 회장 윌리엄 오닐의 강의를 듣고

토론하는 시간을 갖기도 한다. 그리고 경험 많은 투자자들이 초보 투자자들에게 실제로 캔 슬림 투자법을 적용해서 투자에 성공하는 방법을 가르쳐준다.

카트리나 퀜시가 사는 지역에는 관련 모임이 없어서 그녀는 매달 온라인상에서 열리는 시카고·네이퍼빌 모임에 참여한다. 그녀는 "이 모임은 내가 주식 투자를 익히는 데 정말로 도움이 됐습니다"라고 말했다. 그녀는 현재 시장과 선도주에 대해 온라인 모임에서 만난 투자자들과 이메일로 토론하고 있다.

TV 작가인 가이 월시는 돈을 더 벌고 싶어서 남캘리포니아 지역의 여러 모임에 가입했는데, 여러 곳에 참여한 덕분에 다른 이들에 비해 더 빨리 배울 수 있었다. 그녀는 "다른 사람들이 차트를 분석하는 것을 보면서 정말 많이 배웠습니다. 작가로 일하다 보면 경제적으로 기복이 심하기 마련입니다. 은퇴 후 안정적인 삶을 위해 고심하던 내게 『IBD』 모임은 훌륭한 정보의 원천이 되어주었습니다"라고 말했다.

캐럴 숀테레는 "2010년 6월 이후 사우전드 오크 모임에 한 번도 빠지지 않고 참석해왔습니다. 리더인 마이크 스콧, 제리 새밋 등 최고의 회원들을 만난 덕분에 정말 많이 배웠습니다"라고 감사의 뜻을 표했다.

프라빈 비쇼이는 『IBD』의 선임 소프트웨어 엔지니어다. 리더인 그는 모임이 끝난 뒤 자신이 분석한 종목과 논의한 내용을 요약해서 사람들에게 뉴스레터로 보내준다. 모임이 진행되는 동안 사람들에게 퀴즈를 내서 그날의 요점을 확실히 익히게 한다. 또한, 모의 포트폴리오를 구성해서 월간 모임에서 논의한 종목에 투자했더라면 어떤 실적이 나왔을지 직접 확인하게 한다. 프라빈은 "사람들이 투자에 성공할 수 있도록 돕기 위해 끊임없이 시장을 분석하고 열심히 공부하고 있습니다"라고 말했다.

데니스 윌번은 BAMM Bay Area Money Makers 『IBD』 모임의 리더다. 이 모임은 캔 슬림 투자법으로 재정 독립을 달성하기 위해 기술적 분석에 몰두하고 있다. 이들은 먼저 현재 추세를 논의한 다음, 유망 성장주 목록을 작성하고, 적절한 진입 시점과 포지션 규모를 검토한 뒤에 퇴출 시점까지 논의한다. 이 과정에서 주로 「IBD 50」을 이용한다. 데니스의 좌우명은 '명료하고 단순한 거래로 실적을 배가하라'이다. 다양한 투자 방법론을 공부해왔던 그는 이렇게 말했다. "「IBD 50」이야말로 최고의 실적주가 그득한 보고입니다. 대어들이 숨어 있는 곳이지요. 매매 전략을 엄격하게 준수하면서 시장의 전반적인 추세를 따라간다면, 이례적으로 좋은 실적을 올릴 수 있습니다. 이를 위해 저는 「IBD 50」에 소개된 종목들을 엄격한 기준으로 걸러낸 뒤 관심 종목군을 구성하고 있습니다."

80세가 넘은 놈 랭아웃은 캘리포니아주 산타모니카 모임의 리더다. 그는 스타벅스에서 미국 최초의 『IBD』 모임을 시작했는데, 2003년 코코스로 장소를 옮겼다. 그는 지역사회의 다양한 활동에 지속적으로 참여해서 사람들을 돕는 일이 가치 있다고 확신하고 있다. 그는 모임을 시작한 뒤 시장과 종목에 대해 논의하면서 서로서로 배울 수 있었다고 말했다. 놈은 산타모니카에서 처음 시작된 모임에서 여러 리더를 배출해낸 훌륭한 스승이기도 하다. 사우전드 오크 모임의 리더 마이크 스콧, 패서디너 모임의 리더 존 매컬, 셔먼 오크 모임의 리더 셔먼 네프와 루이스 가브리엘, 여러『IBD』모임에서 강의를 지원하고 있는 제리 새밋이 바로 그들이다.

테드 르플랫은『IBD』의 교육 담당 강사로, 전국 250개가 넘는 모임에서 강의했다. 그는 "투자는 엄청난 기회입니다. 제대로 배우기만 한다면 누구나 시장에서 돈 벌 수 있습니다"라고 목소리를 높였다. 테드는 풍부한 경험을 통해 사람들이 시간에 쫓긴다는 것을 절감하게 되었다며, 가능한 한 단순한 틀에 따라 가르치기 위해 노력하고 있다고 설명했다.

그의 방법을 간단히 소개한다.

1   『IBD』「빅픽처」 칼럼의 '마켓 펄스' 섹션을 보고 전반적인 추세를 판단한다. '마켓 펄스'에 올라온 거래량 증가 종목을 중심으로 관심 종목을 구성한다.

2   위의 관심 종목 중에서 '타임세이버 테이블Timesaver Table' 순위가 가장 높은 종목을 찾는다. 이 같은 방법으로 매일 새로운 관심 종목을 하나씩 늘려간다. 다섯 가지 '스마트셀렉

트SmartSelect 등급'을 결합해 '스마트셀렉트 컴포지트SmartSelect Composite 등급'을 산출한다. 주당 이익과 상대강도점수에 더 많은 가중치를 부여하며, 52주 고가 대비 하락률도 공식에 반영한다.

3   'Investors. com'의 「스톡 체크업Stock Checkup」에서 이익, 매출액, 기타 펀더멘털 데이터를 바탕으로 관심을 가진 회사의 업종 내 지위를 신속하게 확인한다.

4   주가가 바닥 패턴을 형성했는지 차트로 확인한다.

이밖에도 주말마다 『IBD』 특집 기사를 통해 주중 종목 선정이 타당했는지 확인할 수 있다.

테드는 "시간이 많은 사람은 '마켓 펄스'에서 원하는 숫자만큼 종목을 선정해보는 것도 좋습니다"라고 조언을 건넸다. 테드의 강연을 들은 한 투자자는 "테드가 강연한 모임을 통해 캔 슬림 투자법과 틀의 중요성을 많이 배웠습니다"라고 감사의 뜻을 표했다.

윌리엄 오닐의 투자 비법
CAN SLIM 투자법

최근 분기 이익 Current Quarterly Earnings

현재 실적이 크고 빠르게 성장 중인가? 전년 동기 대비 급격히 상승한 종목에 주목하라

최근 1~2분기 주당순이익(EPS) 증가율이 25~50% 이상인 종목을 골라라. 반드시 현재 분기의 EPS 증가율을 전년 동기와 비교해 계절적 요인에 따른 왜곡을 피하라. 참고로, 오닐이 조사한 600개 기업 중 대다수가 주가가 급등하기 전 EPS 증가율이 70% 이상이었다. EPS 증가율의 폭도 중요하지만, 앞선 분기보다 최근 분기의 증가율이 더 커야 한다. 이익이 빠른 속도로 크게 늘어나는 기업에 주목하라. EPS가 큰 폭으로 증가하면서 최근 분기 매출이 최소한 25% 이상 늘어나거나 적어도 3개 분기 이상 증가폭이 늘어나야 한다. 단, 특이한 일회성 상승 등 계속성 없는 이익은 대상에서 제외한다. 또한 2개 분기 이상 EPS가 감소한 것은 심각한 문제이니 주의하라.

연이익 증가율 Annual Earnings Growth

몇 년간 분기별 순이익이 급격히 상승했는가? 'C'의 연속성을 확인한다

'C'의 기준을 통과한 주식이 일시적인 상승세를 보이는 것이 아님을 가려내기 위한 확인 작업이다. 최근 4~5년간 연간 EPS 증가율이 최소 25~50% 이상이어야 한다. 지난 5년간 매해 EPS가 전년 대비 증가세를 보이고, 내년도 이익 추정치가 올해보다 높아야 한다. 기업의 수익성과 성장성을 체크하기 위해 자기자본이익률(ROE)과 주당 현금흐름을 확인하라. ROE는 17% 이상, 주당 현금흐름은 실제 EPS보다 최소 20% 이상 많아야 한다. 여러 해에 걸친 분기별 순이익을 그래프로 그리면 거의 직선 형태로 계속 상승하는 움직임

을 보여야 한다. 이익이 안정적인 기업은 주가 변동성도 작은 법, 지난 5년간 매해 이익이 안정적이고 꾸준히 증가한 기업에 주목하라. 최고의 주식이라면 지난 몇 년간 EPS 증가율은 물론, 최근 몇 분기 실적도 우수해야 한다. 연간 순이익과 분기 순이익이 모두 뛰어난 종목에 주목하라. 많은 투자자가 종목 분석을 할 때 주가수익비율(PER)에 주목하는 데 이보다 중요한 것이 EPS 증가율이다. EPS가 핵심이다.

새로운 것 New

주가가 신고가를 경신했는가? 기업을 혁신으로 이끌 새로운 재료가 있는가?

업계의 판도를 바꿀 만한 신제품, 새로운 서비스가 나오거나 새로운 경영진이 들어서는 등 긍정적 변화가 있는 기업을 찾아라. 놀라운 상승세를 기록한 종목의 95%가 새로운 제품, 새로운 서비스, 해당 산업에서의 새로운 물결과 혁신적인 경영 방식, 신고가 등의 특징을 보였다. 주가가 신고가를 경신했는가? 기업의 주가를 상승시킬 만한 새로운 재료가 있는가? 새로운 재료들은 기업의 주가에 영향을 미치는 것은 물론 긍정적인 여론을 만든다. 신고가와 관련, 사람들이 오해하는 것이 있다. 대다수 투자자가 천장을 친 뒤 크게 떨어진 다음 주식을 매수하려고 한다. 많이 오른 주식은 비싸서 사지 못하고, 주가가 떨어진 후 싸게 산 거라며 안심하고 매수한다. 그러나 하락한 주식은 계속 하락세를 보일 가능성이 높다. 그렇다고 단순히 신고가를 기록한 주식을 매수하라는 것은 아니다. 신제품이나 새로운 서비스를 개발한 기업이 탄탄한 거래량을 수반하며 신고가에 근접하거나 돌파했을 때 매수해야 한다. 일정 기간 횡보한 후 주가가 신고점 부근까지 오르거나 신고점을 기록한 주식을 찾아라. 주가 상승 시 거래량 증가가 동반되어야 한다.

수요와 공급 Supply and Demand

주식도 상품이다. 수요 공급 법칙이 작용한다. 유통 물량에 주목하라

다른 조건이 동일한 경우, 소형주나 자사주 보유량이 많아서 유통 주식 수가 적거나 적정

한 주식이 대형주나 오래되고 시가총액이 큰 주식보다 많이 상승하는 모습을 보인다. 단, 주식 수가 적은 소형주는 더 빠르게 상승할 수 있지만 그만큼 빠르게 하락할 수도 있으므로 주의해야 한다. 최고경영진의 지분 비중이 큰 주식은 대체로 유망하다. 이는 최고경영진이 자사 주식에 애착을 가지고 있다는 긍정적인 신호다. 공급에 주목하라. 유통 주식이 상대적으로 적은가? 자사주 매입은 긍정적인 신호다. 가까운 장래에 매출과 순이익이 증가할 것으로 예상되기 때문에 자사주를 매입하는 것이다. 특히 자사주 매입에 따라 전체 발행 주식 수가 줄어들어 EPS가 증가하는 효과도 기대된다. 다시 한 번 강조하지만 EPS 증가는 주가 상승의 결정적인 동력이다. 반대로, 주식 분할은 부정적 신호다. 주식 분할은 1 대 2, 혹은 2 대 3 정도가 적당하다. 과도한 주식 분할은 물량의 급증을 초래하고, 이는 금세 해당 주식을 움직임이 둔할 수밖에 없는 대형주로 바꿔버린다. 자산 대비 부채 비율이 낮고 지난 몇 년 동안 이 비율을 낮춘 기업을 찾아라. 최근 2~3년간 부채비율이 급격히 낮아진 기업은 주목할 만하다. 이자비용 감소만으로도 EPS가 대폭 증가하기 때문이다.

선도주와 소외주 Leader VS. Laggard
시장의 리더를 찾아라. 현재 가장 뜨거운 산업군에서 리더 종목을 찾아 매수하라

주식에도 명품이 있다. 업계 리더이면서 해당 분야 1등 기업에 주목하라. 여기서 말하는 1등 기업은 분기 순이익과 연간 순이익 증가율, 자기자본이익률, 판매 마진율, 매출액 증가율 등이 최고인 종목을 의미한다. 상대강도를 활용해서 선도 종목과 부진 종목을 구분하라. 상대적으로 부진한 실적을 보이는 소외주는 거들떠보지도 마라. 이런 종목은 어찌어찌 상승세를 보이더라도 오름폭이 선도주에 비교할 수 없을 정도로 형편없게 마련이다. 반드시 투자 수익률이 제일 떨어지는 주식을 먼저 팔고, 수익률이 가장 좋은 주식을 오래 보유하라. 본전 생각하는 인간의 본성 탓에 행동으로 옮기기 어렵지만 과감히 결단하라. 상대강도점수가 70 이하인 주식은 부진 종목으로, 피해야 한다. 상대강도점수가 80 이상이며 차트에서 바닥을 다지고 있는 종목을 찾아라. 시장이 조정받는 동안 평균 상승률을 밑도는 주식은 절대로 매수하지 마라.

기관의 뒷받침 Institutional Sponsorship
이도 저도 모르겠다면 기관투자가의 동향을 쫓는 것도 방법이다

주식시장에서 가장 큰 수요의 원천은 기관이다. 기관투자가는 주식시장의 큰손으로, 이들은 일반적으로 선도주를 선호한다. 적어도 10개 이상의 기관투자가가 보유한 주식을 찾아라. 얼마나 많은 기관투자가가 보유하고 있느냐보다는 운용 성과가 탁월한 양질의 기관투자가가 얼마나 보유하고 있는지 따져봐야 한다. 그 주식을 보유한 후원자 수가 줄어드느냐 늘어나느냐 역시 매우 중요하다. 단, 기업 실적이 너무 좋아서 기관투자가 보유율이 과도한 종목은 피하라. 너무 심하게 달아올라 상승 여력이 거의 소진됐을 가능성이 높기 때문이다.

M 시장의 방향성 Market Direction
시장의 흐름에 몸을 맡겨라. 지금 시장은 어디로 가고 있는가?

시장이 강세인지 약세인지 제대로 파악하기만 해도 절반은 성공한 것이다. 시장이 전체적으로 하락세를 보이는데 홀로 승승장구하는 건 불가능하다. 매일 지수 동향을 파악하고 주가지수의 평균 PER, PBR을 활용해 투자하라. 시장을 읽는 최선의 방법은 주요 지수와 거래량 차트를 살펴보는 것이다. 강세장이 2년 정도 이어진 뒤 각 업종의 선도주로 꼽히는 종목들이 출렁인다면 이는 시장이 하락반전했다는 징후다. 시장이 정점에 달했다는 신호들이 나타나면 절대 머뭇거리지 마라. 시장이 고점을 찍고 주요 반전을 시작하면 보유 주식의 25퍼센트 정도는 매도해서 현금으로 확보하라. 선도주 동향 외에 큰 폭의 주가 상승 없이 나타나는 대규모 거래량, 큰 변곡점에서 나타나는 주요 평균 지수의 괴리에 주의하라. 심리 지표나 할인율 변화도 주목할 만한 변수다.

* 저작권사의 허락을 받아 윌리엄 오닐의 캔 슬림 법칙을 정리하여 삽입하였습니다.

WINNING
SECRETS

How to make money in stocks success stories

04

모든 주식은 각자 개성이 있다.
나는 사람을 분석하듯 주식을 분석한다.

| 제시 리버모어 |

한 번에 성공 종목 하나씩

발전

무슨 일이든 익숙해지면 잘하게 되는 법이다. 투자도 마찬가지다. 주식시장에 대한 배경 지식을 쌓고 다양한 이론을 섭렵한 뒤 특정 기법을 익히고 자신만의 투자 원칙을 정립한다. 그리고 이를 철저히 지키면서 거래한다. 거래에 성공할 때마다 투자 기법은 점점 더 완벽하고 정교해지게 마련이다. 무슨 일이든 한번에 완벽해질 수는 없는 법이다. 한 번에 하나씩, 자신만의 투자 원칙을 정립해 나가야 한다. 완벽에 이르는 길은 꾸준한 노력뿐이다.

성공 종목에는 공통점이 있다

누구나 대박 종목을 찾아내 매수하고 싶어 한다. 이와 관련, 『IBD』는 좋은 참고점이 되어준다. 특히 『IBD』가 매주 월요일과 수요일에 발표하는 50대 종목 리스트인 「IBD 50」은 주목할 만하다. 종목 순위를 매기는 기준은 이익, 주가 실적, 업종 내 지위 등이다.

스티븐 콜, "바닥·이익 증가율·자기자본이익률에 주목하라"

스티븐 콜은 캘리포니아주 새크라멘토 모임의 리더로 활동 중인 변호사다. 그는 주말마다 50대 종목을 훑어보면서 매수할 종목을 찾는다. 그가 주시하는 종목은 첫째나 둘째 단계의 바닥을 형성하면서, 이익 증가율이 25% 이상이고, 자기자본이익률이 17% 이상인 주식이다(캔 슬림의 'C'). 스티븐은 미니 차트를 보고 관심 종목을 구성하는데, 차트 아래 설명돼 있는 잠재 매수 포인트를 참고한다. 주가가 잠재 매수 가격에 접근하면 신호가 나타나도록 설정해둔다.

스티븐은 2012년 4월에 매수한 트랜스다임 그룹_{Transdigm Group}을 9월에 팔아 14%의 수익을 올렸다.

POINT
- 첫째나 둘째 단계의 바닥인 종목을 찾는다.
- 분기 이익 증가율이 25% 이상이어야 한다.
- 자기자본이익률이 17% 이상이어야 한다.

스튜어트 오비언, "팔로스루 데이를 놓치지 마라"

스튜어트 오비언은 캘리포니아 북부 마린 카운티 모임의 리더다. 그는 팔로스루 데이가 나타나면 적어도 한 종목은 사야 한다고 모임에서 강조한다(캔 슬림의 'M'). 이렇게 하면 팔로스루 데이가 지나간 다음 허겁지겁 시장을 따라가는 것보다 심리적으로 안정될 수 있다. 그는 펀더멘털이 우수한 주식 4~5개를 선정해 관심 종목을 구성한다. 그는 알렉시온 파마슈티컬Alexion Pharmaceuticals에 투자해 성공을 거뒀는데, 이익 증가율은 48%였고, 매출액 증가율은 44%였다. 2011년 12월에 사서 2012년 3월에 팔아 20% 이익을 냈다.

> **POINT**
> - 팔로스루 데이가 나타나면 적어도 한 종목을 산다.
> - 펀더멘털이 우수한 주식으로 관심 종목을 구성한다.

테드 슈타우프, "싼 주식에는 싼 이유가 있다"

테드 슈타우프는 제약회사 임원으로 활동하다가 은퇴한 뒤 플로리다에 살고 있다. 그는 세계 곳곳으로 출장 다니느라 매매할 시간이 없었지만, 시장에 항상 관심이 있었다. 그는 캔 슬림 투자법을 따르기 전에는 주가가 많이 하락한 종목을 싸다고 생각하며 관심을 가졌다. 그러나 『IBD』를 구독하면서부터 싼 주식에는 싼 이유가 있음을 깨달았다. 이후 그는 실적이 우수한 종목 중에서 바닥 패턴을 형성하거나 10주 이동평균선으로 후퇴하는 종목을 찾았다. 그에게 첫 성공을 안겨준 종목은 웹닷컴 그룹Web.com Group이다. 그는 거래량이 증가하면서 상승하기 시작하자 이 종목을 샀다. 그리고 한 달 후 팔아 25%의 수익을 거뒀다. 처음에는 약간 망설여졌던 게 사실이지만, 한 번 성공을 거둔 이후로는 캔 슬림 투자법을 신뢰하게 되었다.

> **POINT** │ 실적 우수 종목 중 바닥 패턴을 형성하거나 거래량이 감소하면서 10주 이동평균선으로 후퇴하는 종목을 찾아라.

아시시 데이브, "선도 종목에 주목하라"

아시시 데이브는 1996년 투자를 시작했다. 당시 그는 젊은 엔지니어였는데, 상사가 『IBD』를 읽고 나서 쓰레기통에 버리는 것을 보았다. 시장에 관심이 있었던 그는 쓰레기통에서 『IBD』를 꺼내 읽었다. 흥미를 느낀 그는 윌리엄 오닐의 『최고의 주식 최적의 타이밍』을 읽었고, 『IBD』 교육 워크숍에도 여러 번 참석했다. 그는 「IBD 50」에 올라오는 종목만 산다. 이 목록에 올라오는 종목이 성공률이 높다고 보기 때문이다. 아시시는 주로 상위 25개 종목에 집중한다. 그는 부채비율이 낮고, 자기자본이익률이 35% 이상이며, 상대강도가 신고점을 기록하는 주식을 선호한다(캔 슬림의 'L'). 아시시는 이런 이유로 솔라윈즈SolarWinds에 관심을 갖게 됐다. 그는 이 종목을 2011년 10월에 사서 2012년 9월까지 보유해서 122%의 수익을 올렸다.

주가 동향은 기관의 움직임을 보여준다

바라니 라마무시, "거래량은 투자자의 관심도를 반영한다"

IT 전문가인 바라니 라마무시는 장중에는 너무 바빠서 거래할 시간을 낼 수 없다. 잠깐 커피 마실 틈이 나면, 그는 'Investors.com'의 「주식 동향」을 찾아본다. 여기서 거래량이 평균을 넘어서면서 상승하거나 하락하는 종목을 찾아 그의 관심 종목과 비교해본다(캔 슬림의 'L'). 그는 2012년 3월 3주 타이트 패턴(3주간 종가의 차이가 1% 미만)으로 트랙터 서플라이Tractor Supply를 발굴해서 20%의 수익을 얻었다.

일상의 관심 속에 답이 있다

브라이언 곤잘레스, "내가 아는 기업에 투자하라"

브라이언 곤잘레스는 『IBD』 모임개발부에 근무하고 있다. 그는
처음 캔 슬림 투자법을 배울 때 이렇게 말했다. "'Investors.com'의
「마켓 랩 비디오」가 큰 도움이 됐습니다. 매일 시장의 상황과 선도주
의 동향을 살필 수 있기 때문이죠." 또한 그는 「데일리 스톡 어낼러
시스Daily Stock Analysis」 비디오를 보면서 주가 차트 분석법과 주요 펀더
멘털 요소들에 대해 배웠다고 덧붙였다.

이 비디오를 보다가 브라이언은 달러 트리Dollar Tree의 차트 흐름
에 관심을 갖게 됐다. 그는 이 회사 매장에 대해 잘 알았는데, 그의
누이가 학용품이나 장식품, 아이들 생일용 파티 선물을 그곳에서 자
주 샀기 때문이다.

브라이언은 달러 트리 매장 중 한 곳에 들어가 조사해보기로 했
다. 그는 달러 트리가 타깃Target 매장의 축소판이라는 생각이 들었
다. 매장은 멋있고, 남녀노소 많은 사람에게 매력적인 제품이 여럿

달러 트리(DLTR) 일봉 차트(2012)

미국 48개 주와 캐나다에서 4351개의 할인 잡화점 운영.
다양한 1달러짜리 제품 판매.
브라이언 콘클레스

시장 조정이 시작된
2012년 5월 8일 매도

12% 이익

거래량이 증가하면서 10일 이동평균선을
돌파한 2012년 3월 1일 매수

주가 상승일은 적색

50일 이동평균선

주가 하락일은 흑색

10일 이동평균선

200일 이동평균선

상대강도선

이동평균선

주가 척도

100

90

80

70

거래량

2,400,000
1,800,000
1,200,000
600,000

평균 초과 거래량

평균 초과 거래량

18   4   20   6   23   9   24   10   27   13   30   16   2   18
5월   4월   3월   2월   1월   12월

63

있었다. 꽃무늬 제품, 청소용품, 주방용품, 철물, 건강 및 위생용품, 음식 등 다양한 상품이 있었으며 가격도 합리적이었다.

그는 차트와 펀더멘털을 더 공부한 다음, 10일 이동평균선을 돌파한 2012년 3월 1일 이 종목을 매수해서 시장이 조정기에 접어든 5월 8일 팔아 12%의 수익을 올렸다.

제이슨 다모레, "대박 종목은 당신 가까이 있다"

제이슨 다모레는 처음에는 『IBD』 고객서비스부에서 근무하다가 지금은 모임개발부에서 근무하고 있다. 그는 처음 캔 슬림 투자법을 배울 때, 주간 라디오쇼 「IBD」를 청취하는 게 큰 도움이 되었다고 말했다. 그는 모임개발부에 근무하면서 주말에는 교육 워크숍에 지원을 나가기도 한다.

그는 "덕분에 저스틴 닐슨과 스콧 오닐 같은 최고 강사들의 강의를 들을 수 있었습니다. 이들은 모두 윌리엄 오닐과 매우 밀접한 사이로, 이들을 성공으로 이끈 통찰은 지극히 흥미로웠습니다. 덕분에 캔 슬림 투자법을 한층 깊이 이해하게 됐습니다"라고 말했다. 자신의 투자에 대해 제이슨은 "룰루레몬Lululemon은 내게 처음 성공을 안겨준 종목입니다. 「IBD」 라디오쇼를 듣다가 룰루레몬을 알게 되었는데, 이 종목이 3주 타이트 패턴(3주간 종가의 차이가 1% 미만)을 형성하는 게 눈에 띄었습니다. 박스권을 벗어나자 바로 매수했지요. 매장을 직접 방문했을 때 상품의 질이 인상적이어서 이 종목으로 성공을 거두리라 확신할 수 있었습니다"라고 설명했다.

POINT
- 캔 슬림 투자법을 숙지한다.
- 3주 타이트 패턴 돌파 시 매수한다.

케빈 다이, "시장의 흐름을 존중하라"

케빈 다이는 2004년부터 『IBD』를 구독했지만, 새너제이 모임에 참가하면서부터 학습 곡선이 가파르게 상승했다고 밝혔다. "『IBD』를 통해 성공 주식을 발굴해내는 법을 제대로 배울 수 있었습니다. 팔로스루 데이의 중요성도 이해하게 되었고, 바닥 패턴을 돌파하는 종목에 관심을 기울이게 되었습니다. 이런 종목은 종종 반등장에서 선도주가 됩니다(캔 슬림의 'M')."

그는 『IBD』의 여러 특집 기사에서 종종 뛰어난 종목을 발견한다

룰루레몬(LULU) 일봉 차트(2012)

북미, 호주, 뉴질랜드에서 174개 운동복 프랜차이즈 운영
제이슨 다모레

주가 척도

80
70
60
50
40

상대강도선

시장 조정 시점에 매도

16% 이익

3주 타이트 패턴 돌파

200일 이동평균선

50일 이동평균선

거래량

4,400,000
3,300,000
2,200,000
1,100,000

평균 조과 거래량

12월 18   2   16   30 1월 13   27 2월 10   24 3월 9   23 4월 6   20 5월 4   18

66

며, 특히 「인더스트리 테마Industry Themes」를 읽고 실적이 좋은 업종에서 성공 주식을 찾아낼 수 있었다고 덧붙였다. 케빈은 『IBD』 고급 워크숍에 여러 번 참가해서 자신의 이런 깨달음을 다른 투자자들과 공유했다. 케빈의 5년 누적 수익률은 580%다.

> **P O I N T**
>
> - 트레이딩에 자존심이 개입되어서는 안 된다. 심리는 매우 중요하다. 편견 없는 유연한 사고를 유지하라.
> - 시장 흐름을 존중한다.
> - 절차를 확립한다. 그러면 심리가 안정되게 마련이다.

WINNING
SECRETS

05

손실은 되씹지 말고 그냥 받아들여라.

| 제시 리버모어 |

손절매 학습

방어

투자자에게 있어 가장 중요한 기술은 손실을 짧게 끊고 다음 거래로 넘어가는 것이다. 전설적인 트레이더인 제시 리버모어는 말했다. "손실은 되씹지 말고 그냥 받아들여라."

주식시장에서 100% 적중하는 사람은 없다. 저명한 월스트리트 투자자이자 대통령 정치자문인 버나드 바루크는 말했다. "투기자의 판단이 절반 정도만 적중하더라도 평균 이상이라고 봐야 한다. 잘못되었을 때 즉시 손절매할 수 있다면, 10번 중 3~4번만 적중해도 거금을 모을 수 있다."

주식시장에서 거금을 벌 수 있는 비결이 있다면 항상 적중시키는 것이 아니라 잘못되었을 때 손실을 최소화하는 것이다. 윌리엄 오닐 역시 매도의 중요성을 강조한다. "잘못을 깨달으면 주저 없이 주식을 팔아야 한다. 그러면 무엇이 잘못인가? 주가가 매수 가격 밑으로 떨어지는 일이다!"

손절매만 잘해도 고수다

캔 슬림 투자법의 기본 원칙은 매수 원가의 8% 이내에서 손실을 막는 것이다. 원금을 보존하는 것이야말로 투자에 있어서 가장 중요한 요소다. 주식 매수 원가가 30달러라면, 이보다 8% 낮은 27.60달러까지 주가가 내려가면 주식을 팔아야 한다. 꼭 8% 하락할 때까지 기다려야 하는 것은 아니다. 주가 흐름이 예상을 거스르면 예컨대 4~5% 하락하는 시점에 매도할 수도 있다. 중요한 것은 손실을 최소화하라는 뜻이다. 손실이 크면 막대한 이익을 내야 겨우 원금을 회복할 수 있다.

- 손실이 25%면, 33% 이익을 얻어야 본전이다.
- 손실이 33%면, 50% 이익을 얻어야 본전이다.
- 손실이 50%면, 100% 이익을 얻어야 본전이다.

손실이 발생한 포지션은 자동적으로 청산되게 해두는 것도 좋다. 망설여서는 안 된다. 직접 파는 게 힘들면 자동 매도 주문을 고려하는 것도 생각해보라. 미리 매도 가격을 설정해놓으면 된다. 이렇게 하면 심리를 통제할 수 있으며, 중요한 순간에 당황하지 않게 된다.

매도 원칙은 단순하게

대부분의 주식은 20~25% 선에서 이익을 실현하고, 2~3주 동안 20% 이상 상승하는 종목은 돌파 후 8주 동안 보유한다. 최고의 선도주들은 가파르게 상승한 다음에도 계속 상승세를 이어가므로, 이런 종목은 계속 보유해야 한다.

대부분의 주식을 이익 20~25% 선에서 팔아야 하는 이유는, 상승세가 둔화되면서 다시 바닥 패턴을 형성하는 경우가 많기 때문이다. 다음 신호가 나타나면 주가가 정점에 도달한 것인지도 모른다.

1 **주간 주가 격차 최대** 주봉 차트에서 절대 저점과 절대 고점의 주간 격차가 최대로 벌어지면 매도를 고려하라.

2 **대량 거래로 50일 이동평균선 하향 돌파** 대량 거래를 수반하면서 주가가 50일 이동평균선을 깨고 내려가면 매도를 고려하라. 기관들이 이 종목을 떠받치지 않는다는 뜻이다.

3 **주가가 일일 최대폭 상승** 상승세가 시작된 이후 주가가 일일 최대폭 상승하면 조심하라! 주가가 정점에 가까워졌을 때 흔

히 나타나는 현상이다.

4 **일일 거래량 최대** 상승세가 시작된 이후 거래량이 최대치를 기록하면 정점이 가까워졌다는 신호다. 곧 반전이 일어날 수도 있다.

5 **대량 매물 출회** 매물이 대량 나오는 일이 반복되거나, 일일 거래량이 많은데도 주가가 상승하지 않으면 기관이 팔고 있다는 의미다.

6 **연속 하락일 증가** 주가가 정점을 거쳐 하락할 때는 연속 상승일보다 연속 하락일이 늘어나게 마련이다. 예컨대 전에는 4일 상승하고 2~3일 하락했다면, 이제는 4~5일 하락하고 2~3일 상승하는 식이다.

거래량 감소 등 약세임을 알려주는 신호는 다음과 같다.

1 **거래량 감소 속 신고가** 거래량이 감소하면서 신고가를 기록하는 주식도 있다. 주가가 상승할수록 거래량이 감소한다면, 큰손들이 이 종목에 흥미를 잃었다는 뜻이다.

2 **일일 하락폭 최대** 장기간 상승하던 주식의 일일 하락폭이 갑자기 최대를 기록한다면, 다른 신호들을 확인한 다음 매도를 고려하라.

3 10주 이동평균선 아래 안주 장기간 상승한 주식이 10주 이동 평균선 아래로 하락한 뒤 8~9주 연속 머물면서 반등하지 못 한다면 매도를 고려하라.

그렇다고 너무 일찍 겁먹고 손절매해서는 안 된다. 매수 주식의 약 40%는 (때로는 1~2일 대량 거래를 수반하면서) 매수 지점 근처까지 후 퇴할 것이다. 이런 급락은 정상적인 움직임이므로 겁먹지 마라. 손 절매 가격(매수 가격의 8% 아래)에 도달하지 않았다면, 가만히 앉아서 인내심을 발휘하라. 때로는 여러 주가 지나야 서서히 반등하는 움직 임을 보이기도 한다. 참고 기다리는 사람만이 큰돈을 벌 수 있다.

WINNING
SECRETS

06

주식과 사랑에 빠지지 마라.

| 캐서린 필립스 |

자기억제

연습

성공 투자에 있어 감정 조절은 가장 중요한 요소이지만, 동시에 가장 익히기 어려운 요소이기도 하다. 돈이 걸려 있으면 누구나 감정적이 되게 마련이며, 그렇다 보니 흔히 실수를 저지르게 된다. 투자자가 극복해야 하는 감정으로는 희망, 공포, 탐욕 등이 있다. 감정에 흔들리는 상태에서는 아무래도 수익을 내기보다는 손실을 보기 쉽다. 투자에 성공하려면 감정을 뛰어넘는 통찰과 노력이 필요하다.

희망,
과도한 낙관을 경계하라

지니 맥그루는 타고난 낙관론자다. 그녀가 시장을 보는 관점은 항상 긍정적이다. 늘 만족하는 그녀의 성격은 살아가는 데 있어서는 매우 도움이 되는 요소이지만, 주식시장에서는 문제를 일으킬 수 있다. 지니는 시장이 계속 상승할 것으로 확신한 나머지 무리해서 주식을 계속 보유하기 일쑤다. 이렇게 과도하게 낙관적인 태도 때문에 시장이 조정받기 시작했는데도 이익 실현을 미루다가 상승장에서 얻은 커다란 이익을 고스란히 토해내기도 했다. 주식은 대부분 전체 시장과 함께 오르내리는 모습을 보이므로, 항상 시장 전체의 흐름에 관심을 기울여야 한다.

지니는 자신의 문제점이 절제력 부족이라는 것을 깨닫고 "성공을 좌우하는 것은 시장 전체의 흐름이므로, 시장에 관심을 집중하겠다"라고 결심했다. 이제 지니는 시장의 추세를 확인한 뒤에야 투자 결정을 내린다.

공포,
원칙은 불안과 공포를 떨치게 해준다

손실에 대한 공포는 매우 흔한 현상이다. 특히 초보 투자자일수록 심각하게 나타난다. 브라이언 곤잘레스는 초보 투자자였을 때 장중 내내 초조한 마음으로 자신이 보유한 종목이 어떤 움직임을 보이는지 지켜보곤 했다고 털어놓았다. 혹시나 주가가 하락해서 손실이 발생할까 봐 두려웠기 때문이다.

제이슨 다모레도 자신의 초보 시절 이야기를 해주었다. "나는 벌어놓은 이익을 반납해야 할까 봐 매우 불안했습니다. 주가가 조금만 하락해도 곧바로 포지션을 정리했는데, 지금 와 돌아보니 너무 성급한 행동이었습니다. 손실을 너무 두려워했던 것이지요."

공포를 이겨내서 심리에 휘둘리지 않고 매매하기 위해 두 사람은 매수 가격의 4~5% 아래 자동 매도 주문을 걸어놓았다. 설사 투자한 종목이 하락세를 보이더라도 손실이 소액으로 한정되게 해놓은 것이다. 그러고 나자 시장의 움직임이 어떻든 장중 내내 불안한 마음으로 주식을 지켜보지 않을 수 있게 됐다.

초보 시절의 경험에서 두 사람이 얻은 교훈은, 뚜렷한 매도 원칙을 세우고 이를 준수해야 한다는 것이다. 브라이언은 "원칙은 공포와 불안을 떨쳐내서 감정에 휘둘리지 않게 해주었습니다. 제 지인 중에는 뚜렷한 원칙이나 시스템 없이 투자했다가 큰 손실을 본 사람이 많습니다. 다트를 던지듯 종목을 고른 다음 상승하기를 바라는 투자 방식은 매우 위험합니다"라고 지적했다.

탐욕,
잘못된 결정은 더 잘못된 결정을 부른다

게네디 쿠퍼시테인은 대학에 들어간 1990년대 초부터 주식을 매매해왔다. 친구들 사이에서 "주식의 신"이라는 별명까지 얻을 정도로 수익 또한 쏠쏠했다. 친구들이 기숙사 아래층에서 맥주를 마시며 젊음을 즐기는 동안, 그는 위층 자신의 방에서 주식 차트를 분석했다. 2005년 그의 포트폴리오는 200만 달러로 불어났다. 그러자 슬슬 탐욕이 생기기 시작했고, 그 결과 게네디는 막대한 손실을 보게 됐다. 때로 큰 이익을 내기도 했지만, 금세 그보다 더 많은 손해를 감수해야만 했다. 매도 원칙을 지키지 않은 탓이었다.

게네디는 돈을 벌려는 탐욕에 눈이 어두워져 전체 시장의 추세마저 무시했다. 극심한 변동성을 감당해내야 했던 게네디는 손절매 기준을 조정하고는 이 기준을 준수하기 위해 애썼다. 등락이 심한 시장에서는 손절매 기준을 더 엄격하게 적용해서 더 빨리 팔았다. 그는 "원칙을 지키지 않으면 감정에 압도당하기 쉽습니다. 게다가 잘못된 결정은 더 잘못된 결정을 부르기 마련입니다"라고 경계했다.

주식과 사랑에 빠져서는 안 된다

캐서린 필립스가 1990년대에 보유했던 포트폴리오는 계속 불어나서 입이 벌어질 정도의 거액이 됐다. 당시 그녀가 보유했던 종목은 시스코 시스템즈Cisco Systems, 인텔Intel, 마이크로소프트Microsoft 등 거대 기술주였다. 그녀는 이 꿈의 포트폴리오가 상승을 거듭할 것으로 생각했다. 이것이 문제였다. 그녀는 막대한 이익을 안겨준 주식과 사랑에 빠진 것이다. 캐서린은 약세장이 얼마나 무서운지, 전체 시장이 엄청난 매물 압박을 받으면 보유 종목이 얼마나 가파르게 하락하는지 전혀 알지 못했다. 그 결과, 그녀는 이익을 대부분 반납해야만 했다. 이제 그녀는 시장의 주기를 훨씬 잘 이해하게 되었으며, "다시는 주식과 사랑에 빠지지 않도록" 이익 실현 원칙을 확립해두었다.

원칙을 세우고 이를 준수하라

리 태너의 나쁜 습관은 투자하는 게 지금보다 훨씬 편하고 실수도 쉽게 무마할 수 있었던 1990년대에 시작됐다. 그는 캔 슬림 투자법으로 근사한 종목을 찾아내 깜짝 놀랄 만한 이익을 올렸다. 그러나 매도 원칙은 엉성했고, 그나마 잘 지키지도 않았다. 당시 리가 엄

인텔(INTC) 주봉 차트(1996~2001)

마이크로프로세서, 칩셋, 네트워크 프로세서,
바코팅성 기억장치, 기억장치 제조업
캐서린 필립스

주가 척도

4년 동안 755% 이익

1996년 5월 10일
주가 8.64달러

2000년 9월 1일 고가 73.94달러

1년 동안 72% 손실

상대강도선

2001년 9월 28일
주가 20.44달러

거래량

청난 성공을 거둔 종목 중 하나가 JDS 유니페이즈JDS Uniphase다. 그는 1997년 이 종목을 산 다음 1999년 11월 초까지 상승세를 지켜봤다. 상승률은 1450%에 달했다. 신이 난 리는 가족과 친구들에게 근사한 크리스마스 선물을 듬뿍 안겼다.

2000년 1월 말, 유니페이즈는 더욱 상승해서 주식 분할을 고려하면 3.25달러에서 125달러로 3700% 넘는 수익을 올렸다. 리의 흥분은 극에 달했다. 그러나 이 시점에 유니페이즈 주가가 막 정점을 통과했다는 사실을 리는 깨닫지 못했다. 이후 시장에서 대부분의 주식이 급락세를 보였다. 유니페이즈 역시 예외는 아니었다.

리는 유니페이즈가 급락하는 모습을 보며 가슴이 덜컹했지만 2001년 5월 20달러까지 하락하는데도 계속 주식을 보유하고 있었다. 그는 주가가 곧 회복될 것이라고 굳게 믿었다. 당시의 기억을 떠올리며 리는 "엉성한 매도 원칙과 나쁜 습관 탓에 날로 급락하는 주식을 부여잡은 채 유니페이즈 주식을 처분해야 한다는 것은 생각조차 하지 못했습니다. 지금 와서 돌아보면, 150달러에서 20달러까지 내려가는 동안 아무런 생각 없이 주식을 계속 보유하고 있었다는 사실이 믿어지지 않습니다"라고 말했다.

뼈 아픈 실패를 경험한 뒤 리는 마음을 가다듬고 여러 세미나에 참석하면서 기본을 다졌다. 그러면서 자신에게는 무엇보다 절제력이 필요하다는 것을 깨달았다. 그는 "투자는 사과 파이 같습니다. 조리법이 있어야 하고, 그 조리법을 하나하나 꼼꼼하게 따라야 근사한

JDS 유니페이즈(JDSU) 주봉 차트(1996~2001)

통신장비 측정 도구 제조업체
리 테나

2001년 5월 약 20달러에 매도

주가 척도
170
150
140
130
120
110
100
90
80
70
60
50
46
42
38
34
30
28
26
24
22
19
17
15
14
13
12
11
10
9
8
7
6
4.8
4.4
4.0
3.6

상대강도선 7

높이 치솟은 깃발형

조정장에서 매도 원칙 어김

초기 매수 포인트
약간 위를 돌파할 때 추가 매수

1997년 5월 깊은 컵형일 때
처음 매수.
당시 기업 이익 바닥

거래량
112,000,000
84,000,000
56,000,000
28,000,000

96.9 96.12 97.3 97.6 97.9 97.12 98.3 98.6 98.9 98.12 99.3 99.6 99.9 99.12 00.3 00.6 00.9 00.12 01.3 01.6

결과물을 얻을 수 있습니다. 투자도 원칙을 따라야 감정에 휘둘리지 않을 수 있고, 수익을 낼 수 있습니다"라고 강조했다. 이 같은 교훈을 얻기까지 그는 어려운 과정을 겪어내야 했지만, 장기적으로 보면 투자를 더욱 잘하게 되어 만족스럽다고 말했다.

자만심은 가장 큰 적이다

투자 모임에서 마이크 스콧의 별명은 '알로하 마이크'다. 그는 초보 투자자 시절부터 캔 슬림 투자법을 철저히 지켜왔다. 덕분에 그는 여러 해에 걸쳐 상당한 수익을 거둘 수 있었다. 그러나 성공을 거둘수록 자만심이 강해졌고, 슬금슬금 매도 원칙을 어기게 되었다.

마이크는 "손절매 기준을 8%로 잡는 대신, 25~40%로 잡았습니다. 내 생각이 옳다고 확신했거든요"라고 말했다. 8% 매도 원칙을 위반한 결과 입은 손실 규모를 돌아보면 정말 충격적이다. 그는 어느 거래에서든 실수가 발생할 수 있고, 실수는 즉시 바로잡아야 하며, 모든 손실은 최소 금액으로 막아야 한다는 사실을 다시 한 번 깨달았다.

주식 투자와 관련, 확고한 원칙을 세운 다음부터 그는 감정에 휘둘리지 않고 시장에 의연하게 대응할 수 있었다. 그는 시장의 세 가지 흐름에 대비해서 계획을 수립했다. 마이크는 "주식은 상승할 수도 있고, 하락할 수도 있고, 횡보할 수도 있습니다. 세 가지 시나리오를 늘 염두에 두면 한 가지 시나리오에 파묻히지 않게 되어 민첩성을 유지할 수 있습니다"라고 설명했다.

이제 그의 목표는 감정과 자만심을 완전히 억누르고 시장을 따르는 것이다. 마이크는 겸허히 자신의 실수를 인정했다. "투자는 사교댄스 같습니다. 우리는 시장이 이끄는 대로 따라가야 합니다. 나는 시장이 하는 말에만 귀를 기울이고, 내 목소리를 포함해서 다른 소리는 모두 무시하려고 노력합니다."

그럼에도 불구하고 그는 자신에게 여전히 자만심이 남아 있음을 인정한다. 때로는 장중 변동성에 이끌려 매매 유혹을 받기도 한다. 그는 네 가지 방법으로 감정과 자만심을 억제한다고 밝혔다.

1 일중 5분 차트나 1분 차트를 보지 않는다.
2 장이 마감된 다음에 매수 종목이나 매도 종목을 결정한다. 이렇게 하면 감정에서 벗어나 합리적이면서도 냉정하게 결정할 수 있다.
3 분석과 판단을 할 때는 주로 주봉 차트를 이용한다. 주봉 차트는 비교적 장기간의 주가 추세를 분석하므로, 심리가 일 단위 변동에 덜 영향받게 된다.
4 이런 전략으로도 효과가 없으면 일단 단말기에서 멀어진다.

그는 장이 열린 동안 거래하고 싶은 유혹이 느껴져 자신이 세운 매매 원칙을 깨뜨릴 것 같으면 산책을 하러 나가거나 자전거를 탄다.

몇 년 전 마이크는 로스앤젤레스에 있는 선원禪院에서 명상을 배웠다. 그는 명상을 통해 긴장을 풀고 집중력을 높일 수 있었다고 말했다. 트레이딩의 성과는 마음에서 시작된다. 훌륭한 트레이더는 음악 감상, 산책, 운동, 명상 등 긴장을 풀고 정신을 집중하는 방법을 찾아내려 한다. 시장에서 벗어나 잠시 휴식 시간을 갖는 것도 좋다. 트레이더에게는 감정에서 벗어나 명확하게 사고할 수 있는 장소가 필요하다.

POINT
- 시장의 추세를 확인한 다음 매매를 결정한다.
- 자동 매도 주문으로 손실을 최소화하는 방법을 고려한다.
- 대부분 주식은 20~25% 수익에 매도해 탐욕을 억제한다.
- 등락이 심한 장에서는 더 신속하게 매도한다.
- 절대 주식과 사랑에 빠지지 않는다.
- 나쁜 습관을 고치고 원칙을 준수하며 감정을 통제한다.
- 긴장을 풀고 정신을 집중하는 방법을 개발한다.

WINNING
SECRETS

How to make money in stocks success stories

07

생각이나 느낌만으로는 실적을 낼 수 없다.
시장과 선도주의 실상을 파악하라.

| 윌리엄 오닐 |

매매 성공의 교훈

계기

투자를 하면서 가능한 한 위험을 피하려면 투자 방법을 정립하고 확고한 원칙을 마련해야 한다. 그런데 나름의 방법이나 원칙을 만들 때 투자자들은 어려움에 직면하기 마련이다. 한 가지 다행스러운 소식이 있다면, 캔 슬림 투자법을 준수해서 성공한 트레이더가 많다는 사실이다. 월스트리트 최고의 투자 전략가로 꼽히는 윌리엄 오닐이 정립한 캔 슬림 투자법은 그 기준이 명확해 초보 투자자도 쉽게 이해할 수 있다. 이를 적용해 한두 번 성공을 거두고 난 뒤 자신의 투자법을 더욱 갈고 다듬어 계속 성공한 투자자로 시장에 군림하는 이들이 많다는 데서 그 효용성을 익히 짐작할 수 있다.

매매 규칙, 가능한 한 단순하게

항공우주업계에서 오랫동안 일해온 알로하 마이크는 55세 때 은퇴했다. 1987년 캔 슬림 투자법을 자신의 투자에 적용하기 시작하면서 성공을 거둔 덕분이다. 그는 지역사회에 보답하기 위해 은퇴자들을 가르치고 신규 투자자들을 격려하면서 바쁜 시간을 보내고 있다. 마이크는 "평범한 사람들도 어느 정도 시간과 노력만 들이면 얼마든지 투자에 성공할 수 있습니다"라고 강조했다.

다음은 그가 제시하는 투자의 세 요소다.

1 **시점 선택** 항상 시장의 흐름을 따른다.
2 **종목 선택** 캔 슬림 투자법의 기준으로 볼 때 상승하는 우량 종목을 찾아낸다.
3 **자금 관리** 작은 규모로 시작한다. 이익이 나면 점점 규모를 늘린다.

마이크는 "시장보다 빠르게 상승하는 힘찬 주식을 사야 합니다. 하락하는 주식에 물타기해서는 절대 안 됩니다"라고 목소리를 높였다. 마이크가 대박을 낸 종목 중 하나는 NVR이다. 그는 이 종목이

429% 상승하는 동안 매매해서 300% 수익을 냈다. 그는 수익이 25%
날 때마다 하와이안 셔츠를 한 벌씩 샀는데, 어느새 옷장이 화려한
셔츠로 가득 찼다고 너스레를 떨었다.

시장은 카지노가 아니다

게네디 쿠퍼시테인은 주식을 보유하기에 적합한 기간이 있다는
것을 오랜 경험을 통해서 깨달았다. 게네디는 "팔로스루 데이가 출
현한 다음에는 대개 변동성이 감소하므로, 원칙만 준수한다면 주식
을 보유할지 판단하는 게 훨씬 쉬워집니다. 핵심은 지극히 신중하
게 선택해서 인내심을 발휘하는 것입니다. 팔로스루 데이가 출현하
고 4주 이내 새로운 우량 종목들의 돌파가 시작됩니다"라고 설명했
다. 이어 "주식시장이 카지노 같다고 말하는 사람이 많지만, 사실은
카지노처럼 대할 때만 카지노처럼 됩니다. 투자는 도박보다 승산이
높습니다. 매도 원칙을 준수하면 상황이 불리해지더라도 약간만 손
실을 보고 빠져나올 수 있습니다. 그러나 카지노에서는 딜러가 카드

돌리는 방식이 마음에 안 들어도 딜러를 교체해달라고 요구할 수 없습니다"라고 덧붙였다.

그동안 게네디는 여러 투자자 모임에 참석해서 많은 사람들을 가르쳤다. 그는 2007년 뉴저지 모임에 참석했을 때 매력적인 종목을 발견했다. "어떤 이유에서인지 그동안 에너지 주는 내 눈에 들어오지 않았어요. 모임에서 퍼스트 솔라First Solar로 세 자릿수 이익을 냈다는 이야기를 듣고 나서 더 조사한 다음 투자해 근사한 수익을 올렸습니다."

원칙을 준수하면서 적절한 시점에 투자한 덕분에 게네디는 오랜 기간 큰 수익을 낼 수 있었다. 그가 대박을 친 종목은 다음과 같다.

델Dell: 1995~1997년, 529% 이익

퍼스트 솔라: 2007년, 66% 이익

푸키 인터내셔널 Fuqi International: 2009년, 52% 이익

애버크롬비 앤드 피치 Abercrombie and Fitch: 2010년, 38% 이익

POINT

- 팔로스루 데이를 기다린다.
- 주식시장에선 도박을 하지 않는다. 원칙을 준수한다.
- 모임에 참석해서 새로운 종목을 발굴한다.

퍼스트 솔라(FSLR) 일봉 차트(2006~2007)

주가용 및 상업용 태양광 모듈을 제조해서
미국, 유럽, 아시아에 판매
캐나디 구파사테인

주가 척도

120

100

80

60

40

시장 정점에 이익 실현

66% 이익

상승 갭에 매수

상대강도선

50일 이동평균선

거래량
3,600,000
2,700,000
1,800,000
900,000

갭 상승 시 대량 거래

16 2 16 30 3 13 27 11 25 8 22 6 20 3 17
3월 4월 5월 6월 7월 8월

97

푸키 인터내셔널(FUQI) 일봉 차트(2007~2010)

중국 시차품 시장에서 귀금속 · 보석 디자인 및 판매
캐네디 쿠퍼시테인

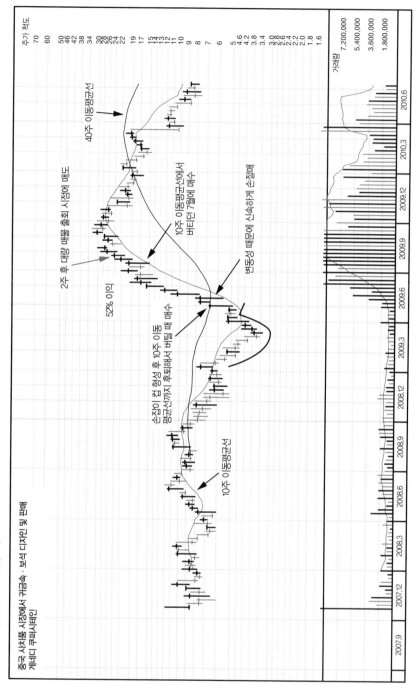

98

애버크롬비 앤드 피치(ANF) 일봉 차트(2010~2011)

북미, 유럽, 아시아에 애버크롬비 앤드 피치, 홀리스터,
길리학스 브랜드로 1045개 매장 운영
캐쥬얼 쿠퍼셰인

주가 척도

- 80
- 75
- 70
- 65
- 60
- 55
- 50

시장 조정 시작 시 이익 실현

38% 이익

50일 이동평균선

상대강도선

200일 이동평균선

순잔이 컵 돌파 후 바닥에서 매수

거래량
- 4,400,000
- 3,300,000
- 2,200,000
- 1,100,000

10 24 7 21 4 18 4 18 1 15 29 13 27 10
1월 2월 3월 4월 5월 6월

부단한 노력이 대가를 만든다

켄 친의 말이다. "나는 매일 저녁 커피를 마시면서 『IBD』를 훑어 봅니다. 다양한 특집 기사를 꼼꼼히 읽으면서 매수 포인트 근처에 다다른 것으로 보이는 종목에 동그라미를 칩니다. 치과 의사로 일하 느라 낮에는 바쁜 편이지만, 환자를 보는 틈틈이 'Investors.com'의 「주식 동향」에 들어가 대량 거래를 수반하면서 상승하는 주식이 있 는지 재빨리 확인하곤 합니다. 기관이 사들이는 종목에 관심이 많거 든요(캔 슬림의 'S')."

그의 이야기는 계속됐다. "주말에는 금요일판을 훑어보면서 「주 간 리뷰 Your Weekly Review」를 숙독하고, 월요일판을 볼 때는 「IBD 50」에 주목합니다. 두 섹션 모두 미니 차트가 있고, 바닥 패턴과 잠재 매수 포인트에 대한 설명이 나옵니다. 덕분에 쉽고 빠르게 관심 종목을 구성할 수 있습니다. 「더 뉴 아메리카 The New America」 기사도 공부합니 다. 인간은 습관의 동물로, 과거에 돈을 벌어본 종목에는 다시 손을 대지만, 돈을 벌어보지 못한 종목은 외면하기 쉽습니다. 다행히 「더 뉴 아메리카」 덕분에 내가 알지 못해서 전혀 고려해보지 않았던 회 사에 대해서도 눈을 뜨게 됐습니다."

그는 계속 말했다. "한번 확장된 정신은 다시 원래의 모습으로 수 축하는 법이 절대 없습니다. 내가 아니라 소설가이자 의학자인 올리 버 웬들 홈스가 한 말입니다. 『IBD』의 「생활의 지혜 Wisdom to Live By」 칼럼에는 이런 고무적인 글귀가 자주 실립니다. 이런 글귀는 승리자의 자세를 유지하는 데 도움이 됩니다. 승리자의 자세를 갖추지 못하면 큰 성공을 거두기 어렵습니다."

승리자의 자세 덕분에 켄 역시 뛰어난 실적을 향유할 수 있었다. 그가 크게 수익을 거둔 종목은 다음과 같다.

바이두Baidu: 2010년, 18개월 동안 보유하면서 212% 이익.

애플: 2011년, 18개월 동안 보유하면서 91% 이익.

POINT
- 대량 거래를 수반하면서 상승하는 주식이 있는지 확인한다.
- 매일, 매주 규칙적으로 정보를 훑어보는 습관을 키운다.
- 「IBD」의 「더 뉴 아메리카」 기사로 대박 종목을 발굴한다.

바이두(BIDU) 주봉 차트(2009~2010)

인터넷 검색, 인터넷 표적 광고, 인터넷 콘텐츠 서비스를 제공하는 중국 회사
켄친

거래량이 평균을 초과하면서 10주 이동평균선을 하향 돌파한 2010년 12월에 매도
187개월 동안 212% 이익

S&P500

2009년 7월 대량 거래되며 10주 이동평균선에서 반등할 때 32.65달러에 매수

상대강도선

2009년 3월 팔로스루 데이 이후 주가 상승 시작

주가 척도
240
220
190
170
150
140
130
120
110
100
90
80
70
60
50
46
42
38
34
30
28
26
24
22
19
17
15
14
13
12
11
10
9
8
7
6

거래량
240,000,000
180,000,000
120,000,000
60,000,000

평균 초과 거래량

평균 초과 거래량

2008.6 2008.9 2008.12 2009.3 2009.6 2009.9 2009.12 2010.3 2010.6 2010.9 2010.12

102

애플(AAPL) 주봉 차트(2009~2011)

스마트폰, PC, 휴대용 디지털 음악 플레이어 제조업체
켄 친

S&P500

거래량이 증가하면서
50일 이동평균선을 하향 돌파할 때
338.72달러에 매도

9% 이익

상대강도선

2009년 8월 3주 타이트
패턴에서 17달러에 매수

시장 조정으로 새 바닥 형성

주가 척도
1200
1100
1000
900
800
700
600
500
460
420
380
340
300
280
260
240
220
190
170
150
140
130
120
110
100
90
80
70
60
50
46
42
38
34
30
28
26

거래량
240,000,000
180,000,000
120,000,000
60,000,000

2008.9 2008.12 2009.3 2009.6 2009.9 2009.12 2010.3 2010.6 2010.9 2010.12 2011.3 2011.6

돌파 종목을 찾아 상승장에 투자하라

랜들 마우로는 콜로라도의 투자 회사에 근무하는 펀드 매니저다. 그는 고객의 포트폴리오는 물론 자신의 계좌에도 캔 슬림 투자법을 적용하고 있다. "투자 종목을 찾을 때는 반드시 전체 시장의 강도부터 측정합니다. 대부분의 종목은 전체 시장의 흐름을 따라가므로, 상승장에서 투자해야 가장 안전하고 쉽게 돈 벌 수 있기 때문입니다(캔 슬림의 'M')."

그의 이야기를 계속 들어보자.

"나스닥 차트에서 2011년 12월 초의 주가 흐름을 몇 달 전과 비교해보니 변동성 감소세가 금세 눈에 들어왔습니다. 이는 지난 분기의 하락세가 마무리되면서 새로운 상승세가 다가오고 있다는 의미입니다. 12월 17일 팔로스루 데이가 나타났는데, 이는 투자할 시점이라는 신호였습니다.

시장의 상승세에 발맞춰 홀푸드마켓Whole Foods Market이 강하게 올랐습니다. 이 종목은 이전 1년 동안 강한 움직임을 보였습니다. 이번에도 단기간 바닥을 다진 다음 다시 상승할 것으로 예상됐습니다. 홀푸드마켓은 고학력 소비자들에게 유기농 자연식품을 파는 기업으로, 캔 슬림의 'N'에 해당합니다. 유기농 소비와 관련된 움직임은 새로운 흐름이기 때문입니다. 나는 이 종목을 지난 9월부터 지켜봤습니다. 당시 시장은 바닥권에서 조정받는 중이었는데도 홀푸드마켓은 신고가를 기록했습니다. 『최고의 주식 최적의 타이밍』에서 읽은 바로는, 시장이 상승하지 못할 때 신고가를 경신하는 종목은 다음 상승장에서 선도주가 될 확률이 높습니다.

그러나 12월 20일은 홀푸드마켓이 바닥 패턴을 완성하는 중이었으므로, 매수하기에는 너무 이른 시점이었습니다. 다만 주가와 거래량의 관계가 밀접해지기 시작했고, 몇 달 전보다 더 통제되는 모습을 보여줘 더욱 긴밀히 주시했습니다. 주가가 하락하는 날에는 거래량이 감소하고, 주가가 상승하는 날에는 거래량이 다소 증가했습니다. 이는 흔히 돌파 전에 나타나는 움직임입니다.

1월 9일 홀푸드마켓이 컵 왼쪽 고점의 1% 이내로 들어왔습니다. 이어서 거래량이 감소하면서 주가가 10일 이동평균선까지 후퇴했는데, 이는 주가가 하락해도 기관투자가들이 계속 보유하고 있을 거라는 의미입니다. 드디어 1월 17일 홀푸드마켓의 거래량이 평균보다 149% 증가하면서 손잡이 컵의 바닥을 돌파했습니다. 나는 이때 매수에 나섰습니다.

다음 주에 며칠 상승했으나, 흔히 그렇듯 돌파 가격으로 후퇴했습니다. 주식의 40%는 매수 포인트로 후퇴하는 모습을 보이기 마련입니다. 그러나 적은 거래량으로 질서정연하게 후퇴했으므로 크게 걱정하지는 않았습니다. 이 주식은 이후 5개월 동안 30% 상승했으며, 시장이 2012년 4~6월 조정받는 동안에도 잘 버텨냈습니다.

어쩌다 한두 번 대박을 터뜨려본 사람은 많지만, 장기적으로 꾸

나스닥 일봉 차트(2011~2012)

파로스루 데이 이후 선도주들의 돌파 출현

종목코드 범례
BWLD – 버팔로 와일드 윙즈
EC – 에코페트롤
ISRG – 인튜이티브 서지컬
ALXN – 알렉션 파마슈티컬
CELG – 셀진
CLR – 컨티넨털 리소스
INVN – 인벤센스
TSCO – 트랙터 서플라이
KORS – 마이클 코어스
TDG – 트랜스다임 그룹
AAPL – 애플
CXO – 콘초 리소스
RAX – 랙스페이스 호스팅
MELI – 메르카도리브르
NUS – 누스킨
V – 비자
SM – 솔라윈즈
PCLN – 프라이스라인

지수 척도

3000

2800

2600

2400

PCLN
SWI
RAX
MELI
NUS
V
AAPL
CXO
TDG
KORS
COH
INVN
TSCO
CELG
ISRG
BWLD,
EC
ALXN
CLR

17일 파로스루 데이(+3.2%)

변동성 구간 – 파로스루 데이
직전에 변동성 감소

거래량(100주)
32,000,000
24,000,000
16,000,000
8,000,000

106

홀푸드마켓(WFM) 일봉 차트(2011~2012)

311개 유기농 슈퍼마켓 운영
(미국 299개, 캐나다 7개, 영국 5개)
랜들 마우로

주가 척도

100

90

80

70

60

50

매물 매물 출회 시 매도

상대강도선

30% 이익

순잡이 컵 돌파 시 매수

돌파 시 대량 거래

거래량

3,400,000

2,550,000

1,700,000

850,000

11월   12월   1월   2월   3월   4월   5월   6월   7월
28 11 25 9 23 6 20 3 17 2 16 30 13 27 11 25 8 22 6 20

107

준히 수익을 내는 사람은 드뭅니다. 이런 사람들이 진짜 전문가입니다. 이들은 대부분 한 자릿수나 두 자릿수 정도의 수익률을 냅니다. 시장에서 꾸준하게 돈을 벌려면 위험을 최소화해서 원금을 보존하는 데 집중해야 합니다. 시장이 상승 신호를 보낼 때 투자하고, 시장이 정점 신호를 보낼 때 현금화하는 것이 장기적으로 수익을 유지할 수 있는 가장 중요한 원칙입니다."

전문가의 통찰은 시간을 절약해준다

캐서린 필립스가 꼽는 최고의 정보처는 『IBD』가 최고 실적 종목들을 요약해놓은 「리더 보드Leaderboard」다. "바닥 패턴을 돌파할 준비를 마친 시장 선도주들을 집중적으로 보여주거든요. 「리더 보드」 차트에는 바닥 패턴과 매수 포인트에 대한 설명도 있습니다. 펀더멘털이 우수한 최고 종목에 집중할 수 있으므로 시간이 많이 절약됩니다. 덕분에 그동안 좋은 실적을 거둘 수 있었습니다. 바이두, 링크드인LinkedIn, 몬스터 베버리지Monster Beverage, 랙스페이스 호스팅Rackspace Hosting, 트랙터 서플라이가 바로 그런 종목입니다. 윌리엄 오닐의 캔슬림 투자법에 정통한 『IBD』 편집진이 선정하는 종목들을 볼 수 있는 「리더 보드」를 나는 매우 신뢰합니다."

캐서린이 투자한 대표적인 종목은 다음과 같다.

랙스페이스 호스팅: 24% 이익
트랙터 서플라이: 34% 이익

추세와 유행을 찾아라

팻 리어던은 커뮤니티 칼리지의 경제학 101 수업 과제로 『IBD』를 읽다가 투자를 시작하게 됐다. 팻은 이 과제가 자신의 인생을 이렇게 바꿔놓으리라고는 꿈도 꾸지 못했다. 그의 원래 목표는 부동산과

건축 수업을 수강한 다음 싸구려 폐가를 사서 개조해 판매하는 사업을 하는 것이었다.

『IBD』를 접한 이후 팻은 주식시장에 호기심을 느껴 여러 권의 책을 읽었다. 윌리엄 오닐의 『최고의 주식 최적의 타이밍』은 물론이고 니콜라스 다바스의 『나는 주식 투자로 250만 불을 벌었다How I Made $2 Million in the Stock Market』, 에드윈 르페브르의 『어느 주식 투자자의 회상Reminiscences of a Stock Operator』 등이 그것이다. 다양한 책을 읽으면서 그는 생각을 완전히 바꿨다. 주식 투자법을 제대로 배워보기로 결심한 팻은 곧 투자를 시작했다.

"내가 초기에 성공을 거둔 종목 중 하나가 스케쳐스Skechers입니다. 본사가 고향인 맨해튼비치에 있었는데, 엄마와 아이들이 패션 운동화를 신고 다니는 모습을 쉽게 볼 수 있었습니다. 『IBD』의 「리서치 테이블Research Table」에서 스케쳐스를 찾아보니 최고 등급이더군요. 차트를 살펴본 다음, 스케쳐스가 대량 거래를 수반하면서 박스권을 돌파할 때까지 기다렸습니다. 투자금이 적어서 큰 이익을 내지는 못했지만, 20% 수익을 올리고 나자 투자에 더욱 관심을 갖게 되었습니다. 시장에 대한 지식이나 경험이 일천한데도 이렇게 주식시장에서 돈을 벌 수 있다는 사실에 흥분할 수밖에 없었습니다.

이렇듯 시장의 유행에 착안해서 발굴한 다른 종목이 몬스터 에너지 드링크 제조사인 한센스 내추럴Hansen's Natural입니다. 이 회사는 매출과 이익 규모가 커서 『IBD』의 기사에도 여러 번 등장했습니다. 차트를 보다가 대량 거래가 수반되면서 기관들의 자금이 몰리는 모습을 보자마자 이 종목을 매수했습니다(캔 슬림의 'M')."

팻은 꾸준히 공부하면서 시장에 대한 이해가 점점 깊어졌다고 말했다. "시장의 주기가 달라지는 모습을 계속 지켜보면서 새로운 주기가 나타날 때마다 상승 종목이 등장하는 과정을 더 잘 이해하게 됐습니다. 덕분에 선도주에 투자해서 커다란 이익을 얻을 수 있었습니다. 원칙을 준수하면서 충분히 분석한 뒤 정확하게 사고팔다 보니 대박이 터지더라고요."

팻이 수익을 낸 종목은 다음과 같다.

한센스 내추럴: 156% + 33% 이익(2회 분할 매수)
넷이즈NetEase: 60% + 100% 이익(2회 분할 매수)

POINT

- 인기 추세를 찾는다. 많은 사람이 좋아하는 새로운 상품이 있는가?
- 전설적 트레이더들의 비법이 담긴 책을 읽는다.
- 일상 생활 속 유행에 주목한다.

넷이즈(NTES) 일봉 차트(2003)

쌍방향 인터넷 게임 커뮤니티, 인터넷 포털,
무선 부가가치 서비스를 제공하는 중국 회사
및 리아던

주가 척도

40

30

20

10

나머지 주식을 2003년 7월 9일
40.20달러에 팔아 100% 이익 실현

100% 이익

일부 주식을 32.18달러에 팔아
7주 만에 60% 이익 실현

60% 이익

2003년 4월 15일 순잉이 컵
돌파 시 20.20달러에 매수

상대강도선

50일 이동평균선

200일 이동평균선

순잉이 컵

거래량

2,400,000

1,800,000

1,200,000

600,000

24 7 21 3월 21 18 4월 4 2 5월 18 16 6월 30 13 27 7월 11
2월

112

몬스터 베버리지(MNST) 일봉 차트(2004~2005)

전신은 한센스 내추럴(HANS)
에너지 드링크, 과일주스, 스무디, 천연 소다 등 대체 음료 제조
팻 리어던

주가 척도

80

60

40

20

상대강도선

3주 후 나머지를 67.18달러에
팔아 33% 이익 실현

33% 이익

2005년 10월 28일 대량 거래되면서
50일 이동평균선을 회복할 때
50.55달러에 매수

2005년 10월 27일 44.45달러에 팔아
45주 만에 156% 이익 실현

156% 이익

2004년 12월 27일 174.34달러에 매수

거래량
1,600,000
1,200,000
800,000
400,000

뉴스에 일희일비하지 마라

데이브 휘트머는 탑건 출신의 해군 F18 전투기 조종사다. 그는 2000년 이후 캔 슬림 투자법을 사용해서 적극적으로 매매하고 있다.

2009년 3월 항공모함 존 스테니스 호에 승선한 그는 서태평양에 있었다. 데이브는 "모든 뉴스를 멀리할 수 있는 기회였지요"라고 말했다. 1950년대 댄서로 세계를 누비면서 모든 뉴스를 멀리했던 전설적 트레이더 니콜라스 다바스와 비슷한 상황이었다. 윌리엄 오닐 역시 작은 재료에도 크게 반응하는 뉴스를 무시하고 시장과 선도주가 실제로 보여주는 움직임에 주목하라고 강조한 바 있다.

항공모함의 보안 네트워크 때문에 일봉 차트를 참고하는 게 불가능했던 데이브는 차트를 분석할 때 친구 존 매컬에게 빈칸을 채워달라고 부탁할 수밖에 없었다. 데이브는 시간도 없고 뉴스를 접할 수도 없었으므로 시장이 절대 반등하지 않을 것이라고 말하는 전문가들의 영향도 받지 않았다. 그는 시장이 어려울 때도 강하게 회복세를 보이는 종목에 관심을 가졌다. 그러다가 그린 마운틴 커피 로스터즈Green Mountain Coffee Roasters에 관한 기사를 읽었는데, 마침 주가가 손잡이 컵 바닥을 형성하고 있었다. 그는 시장이 상승세로 돌아서자마자 이 종목을 사야겠다고 마음먹었다.

고급 커피를 한 잔씩 뽑아낼 수 있는 혁신적인 제품 큐리그 브루어Keurig Brewer를 보유하고 있던 이 회사는 매출액과 이익 증가율이 모두 두 자릿수였다. 그는 새로운 강세장이 시작되어 2009년 3월 주가가 전형적인 손잡이 컵 바닥 패턴을 돌파하는 시점에 이 종목을 매수했다.

"포지션을 유지하는 것은 아주 쉬웠습니다. 이 종목을 매수하고 나서 6개월 뒤 막대한 수익을 얻었습니다. 이 회사는 실적이 아주 좋았는데, 어머니날 이전에 월마트에서 제품을 판매한다고 발표를 내놓았습니다. 이 발표에 주가가 37%나 급등했습니다(캔 슬림의 'N'). 거래량이 평균보다 832%나 많았으므로, 전문 투자자들의 매수세가 몰리고 있다고 해석했습니다. 내가 보유한 종목이 갭 상승하는 모습을 처음 봤습니다.

오닐 데이터 시스템스 펀드매니저 겸『IBD』강사인 찰스 해리스가 모임에서 한 말이 떠올랐습니다. 그는 탁월한 종목을 발견하면 액셀을 밟으라고 강조했습니다. 회사의 발표로 주가가 급등했지만, 나는 시장가로 보유 물량의 25%를 추가 매입했습니다. 그날 밤 11시 30분, 인터넷 접속이 지연되는 항공모함 함상에서 내 생애 최고의 매매를 해냈다는 생각이 들었습니다. 이 종목은 종가가 44%나 상승했습니다."

데이브는 이 종목을 7월 중순까지 보유한 다음 78%의 이익을 실현했다. "10주 이동평균선이 깨지자 포지션을 청산하기로 했습니다. 이후 주가가 회복되어 더 상승했지만, 실현한 이익에 만족합니다."

그린 마운틴 커피 로스터즈(GMCR) 주봉 차트(2008~2009)

커피 · 티 1컵 포장 및 커피 메이커 판매
데이브 휘트머

주가 척도

80

70

60

S&P500

10주 이동평균선 붕괴 후 2억 실현

50
48
46
44
42
40
38
36
34
32
30
28
26
24
22

20
19
18
17
16
15

상대강도선

3주 타이트 패턴 돌파 시
주식 25% 추가 매수

상대강도선 사상 최고 기록

78% 이익

순장이 컵 돌파 후 신고가 기록

종목이 돌파 시점에서 시장에서 풀로스루 데이 발생

거래량

10,000,000

7,500,000

5,000,000

2,500,000

2009. 6

2009. 3

2008. 12

116

매도 원칙을 단순화하라

리 태너는 『IBD』 워크숍에 참석한 다음 명확한 깨달음을 얻어 트레이딩 실력이 크게 향상됐다. 포트폴리오 시뮬레이션에 의하면, 대부분 주식은 20~25% 선에서 이익을 실현해야 한다. 이 정도 상승하면 많은 주식이 후퇴해서 다시 바닥을 형성하거나 정점을 만들기 때문이다.

단순한 매도 원칙을 따르기 전에 리는 주식을 지나치게 오래 보유하다가 이익의 상당 부분을 반납하는 경향이 있었다. 이후 그는 돌파하고 나서 2~3주 이내 20% 상승할 때만 8주 이상 보유해야 한다는 사실을 깨달았다. 시장의 역사를 돌아보면, 이런 주식은 이후에도 대폭 상승하는 일이 많았기 때문이다. 리가 8주 이상 보유 원칙을 준수한 종목은 2007년에 매수한 크록스Crocs다. 근래에는 대박 종목을 구경하기가 어려워졌지만, 2007년 리가 산 크록스는 무려 140%의 수익을 안겨주었다.

리는 "투자하기 전에 메이시 백화점에 가보았더니, 신발 매장에

템퍼 페덱(TPX) 일봉 차트(2010~2011)

온도 반응 점탄성 발포고무 매트리스,
베개, 요주 쿠션 제조
리 태너

주가 척도

50
45
40
35
30
25

50일 이동평균선

이익 실현

8주 동안 25% 이익

순잡이 컵 바닥 돌파 시 매수

200일 이동평균선

상대강도선

바닥 이후 매집

50일 이동평균선

거래량
2,000,000
1,500,000
1,000,000
500,000

3월
11
25
2월
11
28
1월
14
31
17
12월
3
19
11월
5
22
10월
8
24
9월
10
27
8월
13
30
7월
16
2
6월
18
4
5월
21
7
4월
23
9
26
12

118

크룩스(CROX) 주봉 차트(2006~2008)

크룩슬라이트(croslite)라는 독점 수지 재료로 신발 제조
리 테너

주가 척도
130
120
110
100
90
80
70
60

50
46
42
38
34
30
28
26
24
22

19
17
15
14
13
12
11
10
9
8
7
6

5
4.6
4.2
3.8
3.4

3.0
2.8

2007년 10월 31일
이익이 기대에 못 미쳤으므로
시간 외 거래에서 전량 매도

140% 이익

겹 상승 시 추가 매수

추가 매수

일부 물량 손절매

손잡이 컵 바닥에서 매수

거래량
40,000,000
30,000,000
20,000,000
10,000,000

2005.12   2006.3   2006.6   2006.9   2006.12   2007.3   2007.6   2007.9   2007.12   2008.3   2008.6   2008.9

119

크록스 전용 전시관이 마련되어 있었습니다. 신발이 잘 팔린다는 확실한 증거였지요"라고 말했다.

신규 상장 종목, 첫 바닥 돌파를 기다려라

2004년 무렵 마이크 스콧은 초보 투자자였다. 그는 구글Google을 사고 싶었지만, 신규 상장 바닥을 이해하지 못한 탓에 2004년 9월 돌파를 놓쳤다. 대신 2005년 4월 갭 상승(실적 호전이나 호재 발표 등으로 대량 매수세가 몰려 급등하는 현상)할 때 샀다. 마이크는 "당시 갭 상승을 보고 매수하면서도 겁이 난 게 사실입니다. 그러나 이제는 그런 상황을 즐기게 됐습니다. 갭 상승 종목은 흔히 대폭 상승한다는 사실을 알기 때문에 이런 종목을 보면 관심을 갖게 됩니다"라고 말했다.

마이크는 이 실수에서 큰 교훈을 얻고, 다른 신규 상장 종목인 마이클 코어스Michael Kors로 근사한 실적을 올렸다. 그는 "구글을 놓치

구글(GOOG) 일봉 차트(2004~2005)

인터넷 검색, 인터넷 콘텐츠 서비스,
웹 기반 소프트웨어 애플리케이션 제공
마이크 스콧

주가 척도

300
250
200
150
100

신규 상장 바닥에서 152% 상승

컵 바닥 돌파에서
33% 이익

컵 바닥에서 돌파 시
24일래에 매수

갭 상승

컵 바닥

28일래에 매도해 34% 이익 실현
초보 투자자라서 바닥 횡성인 좁은 모듬
50일 이동평균선이 깨져서 매도

갭 상승

신규 상장 바닥 돌파
시점에 살 수도 있었음

거래량
16,000,000
12,000,000
8,000,000
4,000,000

9월 10 24 8월 22 5 19 7월 3 17 31 6월 14 28 5월 1 15 4월 29 12 3월 26 8 2월 22 1월 14 28 25 11월 3 17 10월 1 15 29 9월 12 8월 26
27 10 24

121

마이클 코어스(KORS) 일봉 차트(2011~2012)

마이클 코어스 브랜드로 고급 의류,
액세서리, 신발 제조
마이크 스콧

주가 척도

50
45
40
35
30
25

75% 이익

10일 이동평균선이 깨진 다음 날 매도

50일 이동평균선

10일 이동평균선

3회 추가 매수

신규 상장 바닥

신규 상장 바닥
돌파 시점에 매수

거래량
4,800,000
3,600,000
2,400,000
1,200,000

12 26 9 23 7 21 4 18 2 16 30 13 27 10 24 9 23 6 20 4 18 1 15 29 13 27 10 8월
9월   10월   11월   12월   1월   2월   3월   4월   5월   6월   7월

122

면서 신규 상장 종목을 매수하는 방법을 정확하게 배웠습니다. 그 결과, 마이클 코어스는 놓치지 않을 수 있었지요. 2012년 1월 17일 이 종목을 27.11달러에 샀습니다. 주식이 상승하기 전에 충분히 조사하고 기다렸습니다. 마이클 코어스는 이익 증가율과 매출액 증가율이 둘 다 세 자릿수였고, 기업공개를 맡은 인수단 3개 사도 유명 증권사였습니다. 제품도 인기가 높아서 메이시 등 많은 백화점에서 널리 판매됐습니다(캔 슬림의 'C'와 'N'). 1월 17일 갭 상승이 출현하자 매수했지요. 주가가 강한 상승세를 보이자 세 번 추가 매수했고, 8주 만에 처음으로 10일 이동평균선 밑으로 내려갈 때 포지션을 청산했습니다. 오랫동안 유지했던 10일 이동평균선이 깨지면 팔아야 한다고 배웠거든요."

그는 마이클 코어스에서 모두 74%의 이익을 얻었다.

> **POINT**
> - 우량 신규 상장 종목이 첫 바닥을 돌파할 때까지 기다린다.
> - 오랫동안 유지했던 10일 이동평균선이 깨지면 매도를 고려한다.

시장의 방향이 바뀌면 이익을 실현할 때

아닌도 마줌다는 1990년대 시스코 시스템즈의 소프트웨어 엔지니어로 근무했다. 당시 회사는 직원들에게 스톡옵션을 제공했는데, 이를 계기로 주가 흐름에 관심을 갖게 됐다. 주식시장을 조금씩 알게 되면서 아닌도는 주식을 잘 이용하면 가욋돈을 벌 수 있겠다는 생각이 들었다.

시스코 시스템즈는 6개월마다 직원들에게 스톡옵션을 줬다. 당시는 기술주 붐이 한창인 때로, 아닌도는 시스코 시스템즈 주가가 급등하는 모습을 짜릿한 기분으로 지켜봤다.

아닌도의 아내는 막대한 이익이 발생한 주식을 일부 팔아서 집을 사자고 주장했다. 다행히 그는 아내의 말을 따랐다.

2000년 무렵, 아닌도는 주식 투자의 기본도 알지 못했고, 캔 슬림 투자법에 대해서도 들어본 적 없었다. 그는 "당시 나는 주식시장에 대해 문외한이나 다름없었습니다. 매도 원칙 같은 것은 알지 못했지요. 주식시장이 붕괴할 때 시스코 시스템즈에서 얻은 이익을 고스란히 반납해야만 했습니다. 어찌 보면 당연한 결과이지요"라며 아쉬움을 표했다.

그래도 이익을 일부 실현해서 집을 장만할 수 있었던 그는 성장주 투자에 흥미를 느꼈다. 그는 2003년과 2004년 『IBD』의 고급 과정 워크숍에 여러 번 참석했고, 탄탄히 기본을 다진 덕분에 마침내 많은 돈을 벌 수 있었다. "캔 슬림 투자법이 강세장에 적용할 수 있는 매우 효과적인 방법임을 알았고, 전체 시장의 흐름에 주목해야 한다는 점을 명심하게 되었습니다"라고 그는 설명했다(캔 슬림의 'M').

열심히 공부한 결과, 아닌도는 커다란 이익을 얻었다. 다음은 그가 투자한 주요 종목이다.

테이저Taser: 90%

테이저: 72%

구글: 31%

인튜이티브 서지컬 Intuitive Surgical: 27%

한센스 내추럴: 38%

집중, 또집중

톰 엘리스는 다양한 투자 전문지 중에서도 『IBD』만 읽는 윌리엄 오닐의 광팬이다. 그는 다른 뉴스레터나 자료는 거들떠보지도 않으며, 다른 사람들이 어떤 종목을 보유하고 있는지도 전혀 관심이 없다. "나는 관심 종목을 다른 사람들과 공유하지 않겠다는 원칙을 세웠습니다. 비싼 대가를 치르고서야 이 교훈을 얻었어요. 뉴스나 다른 사람들의 의견에 귀 기울이다 보면 내 원칙을 어기고 실수를 저지르게 되더라고요. 자꾸 결정을 뒤집게 되거든요."『IBD』만 참고해 종목을 발굴하고 집중력을 유지한 덕분에 톰은 계속해서 20~25% 정도 수익을 올리고 있다고 강조했다.

2012년 1월 4일, 그는『IBD』의「주식 스포트라이트Stock Spotlight」에서 컨티넨털 리소스Continental Resources를 발견했다. 이 종목은「인더스트리 테마」기사에서도 언급됐다. 바로 그날 이 종목은「리더 보드」에 추가됐다. 차트 설명에 의하면 손잡이 컵 바닥을 형성했으며, 잠재 매수 포인트는 73.08달러였다(캔 슬림의 'L').

1월 5일 컨티넨털 리소스는 거래량이 평균보다 78% 증가하면서 바닥 패턴을 돌파했다. 톰은 이 종목을 사서 25% 이익을 실현했다.

2012년 톰이 매수해 성공을 거둔 종목은 다음과 같다.

컨티넨털 리소스 Continental Resources: 7주 동안 25% 이익

허벌라이프Herbalife: 11주 동안 25% 이익

프라이스라인Priceline: 5주 동안 25% 이익

POINT
- 지나치게 다양한 자료를 읽으면 오히려 혼란에 빠지기 쉽다.
- 『IBD』에서 유망 종목을 발굴한다.

컨티넨털 리소스(CLR) 일봉 차트(2011~2012)

석유 · 가스 탐사 및 추출 회사
톰 엘리스

주가 척도

100
90
80
70
60
50
40

상대강도선

50일 이동평균선

200일 이동평균선

7주 동안 25% 이익

순조이 컵 바닥을
돌파할 때 매수

상대강도선 신고점

돌파 시점의 대량 거래

거래량
2,000,000
1,500,000
1,000,000
500,000

13 27 10 24 8 22 5 19 2 16 30 14 28 11 25 9 23 6 20 3 17 2 16 30 13 27
6월   7월   8월   9월   10월   11월   12월   1월   2월   3월   4월 5월

127

셀렉트 컴포트(SCSS) 일봉 차트(2011~2012)

유연성 조절 침대 및 침구 액세서리
매장 381개 운영
톰 앨리스

주가 척도
35
30
25
20
15
10

8주 동안 25% 이익

50일 이동평균선

200일 이동평균선

손잡이 컵 바닥을 돌파할 때 매수

상대강도선

돌파 시점의 대량 거래

거래량
2,000,000
1,500,000
1,000,000
500,000

128

허벌라이프(HLF) 일봉 차트(2012)

체중 관리, 영양제, 피트니스 제품, 피부 · 모발 관리 제품
을 제공하는 다단계 판매 회사
톰 헬리스

주가 척도

시장의 조정이 시작될 때 매도

25% 이익

거래량이 수반된
강력한 갭 상승

손잡이 컵 바닥을
돌파할 때 매수

거래량 3,400,000
2,550,000
1,700,000
850,000

129

프라이스라인(PCLN) 일봉 차트(2011~2012)

항공권, 호텔 방, 렌터카, 여행 상품 등을
인터넷으로 판매
톰 엘리스

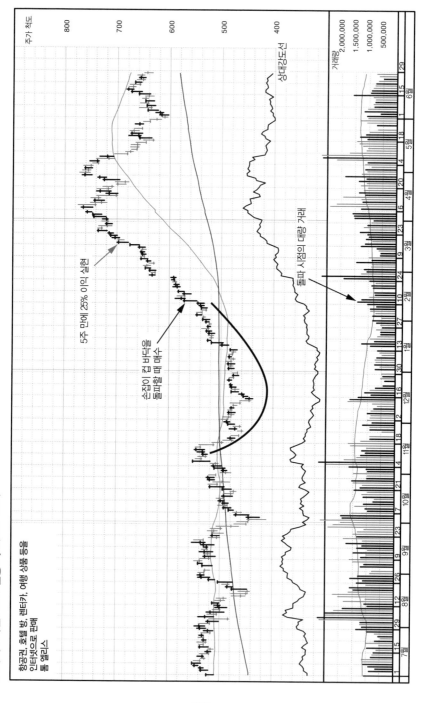

주가 척도

800
700
600
500
400

상대강도선

5주 만에 25% 이익 실현

순전이 컵 바닥을
돌파할 때 매수

돌파 시점의 대량 거래

거래량
2,000,000
1,500,000
1,000,000
500,000

130

누구나 실수를 한다

타운센드 볼드윈은 2004년부터 『IBD』를 구독했다. 그는 캔 슬림 투자법을 적용해서 다이어트 제품 제조업체인 뉴트리시스템Nutrisystem을 매매해 성공을 거뒀다. 2005년 7월 뉴트리시스템이 신고가를 기록했을 때 처음 매수해서 20% 이익을 남기고 팔았다. 그리고 같은 해 이 종목이 컵 바닥을 벗어날 때 다시 매수해서 25% 이익을 남겼다. 충분한 자본을 투입한 터라, 두 거래에서 얻은 이익으로 뉴욕에 아파트를 살 만큼 많은 돈을 벌 수 있었다.

그런데 돌아보니 더 큰 이익을 얻을 기회가 있었다. 그가 처음 주식을 산 2005년 7월부터 같은 해 말까지 뉴트리시스템은 214%나 상승했다. 그는 대박 종목에 대응하는 방법을 몰랐던 것이다. 2004년 10월부터 2005년 12월까지 뉴트리시스템은 무려 2100%나 상승했다.

이 회사가 상장된 것은 2000년이지만, 새로운 면모를 보인 것(캔 슬림의 'N')은 2004~2005년이다. 새로운 경영진이 회사를 맡았고, QVC 같은 홈쇼핑 네트워크 등에서 적극적인 마케팅을 벌였다. 회사 이익이 급증하자 기관투자가들의 매수세가 몰리면서 주가가 급등했다.

2009년 타운센드는 '중국의 구글' 바이두를 여러 차례 매매해서 40%, 15%, 20% 이익을 실현했다. 그는 자신의 매매를 돌아본 뒤 더 큰 이익을 얻을 기회가 있었다고 말했다. "누구나 실수를 합니다. 내가 바이두를 매매하면서 얻은 가장 중요한 교훈은, 인내심을 발휘했다면 1000% 정도 수익을 낼 수 있었을 거라는 사실입니다. 캔 슬림 투자법을 따르는 트레이더라면 2009년 3월 강세장이 시작되는 시점에 사서 계속 보유해 이익을 10배 정도 얻었을 겁니다. 나는 캔 슬림 투자법을 적용해 미래 대박 종목을 발굴해서 엄청난 이익을 거둘 작정입니다. 투자 원칙을 확실하게 준수하면서 손실은 짧게 끊고 이익은 달리게 한다면, 그런 트레이더는 성공할 수밖에 없습니다. 투자에 성공하려면 열심히 공부하고, 시장의 심리를 이해하며, 전체 시장의 추세를 분석해야 합니다. 결단만 내리면 그다지 어려운 일이 아닙니다."

POINT
- 성공은 축하하고, 실수는 반성한다.
- 더 큰 이익을 얻을 기회가 있었는지 돌아본다.

투자를 취미가 아닌 직업처럼 대하라

K. 바수는 대학생 때 뒤늦게 닷컴 열풍에 합류했다. 잠깐 손댄 종목에서 얼마 되지도 않은 기간에 100% 이익을 얻었다. 젊은이들이 흔히 그러듯, 그는 이 돈으로 자동차를 샀다. 그러다 기술주 거품이

꺼지면서 그도 막대한 손실을 볼 수밖에 없었다. 당시 그가 보유했던 월드컴WorldCom은 결국 파산했다. 초보 투자자였던 터라 매도 원칙을 몰랐던 것이다.

2002년 직장 동료가 그에게『IBD』와 윌리엄 오닐의 책『최고의 주식 최적의 타이밍』을 알려주었다. 2003년 그는 중국의 인터넷 게임 회사 시나 코프Sina Corp를 사서 100% 이익을 냈다. 훌륭한 수익률이지만, 문제가 있다면 투자 금액이 적어서 이익도 적었다는 점이다.

이후 그는『IBD』고급 워크숍에 여러 번 참석하고, 뉴욕 모임에도 참여했다. 그는 모임에서 만난 투자자들에게서 항상 시장의 흐름을 따라야 하고, 적극적으로 매매해야 한다는 것을 배웠다. 그는 이 교훈이 투자의 전환점이 되었다고 생각한다며, 모임에서 만난 모든 사람들에게 감사의 뜻을 표했다. 이들 덕분에 그는 투자 전략에 대한 전반적인 생각을 바꾸게 되었다.

이후 바수는 투자를 취미가 아니라 직업처럼 대하게 되었다. 그는 투자에 진지한 자세로 임했고, 그 결과 실적이 대폭 개선됐다.

그가 다른 투자자들에게 조언하는 바는 간단하다. 팔로스루 데이까지 기다렸다가 천천히 들어가면서 시장이 본격적으로 상승하는지 지켜보라는 것이다. 그리고 20~25% 선에서 대부분 이익을 실현한다. 투자 전략과 관련, 그는 "시장이 괜찮을 경우, 이 두 가지만 지키면 연수익률이 25~50%에 이를 겁니다"라고 설명했다(캔 슬림의 'M').

팔로스루 데이를 판단하기 위해 바수는 1~2주 동안 새로운 추세가 형성되는지 면밀히 지켜본다. 바수의 설명이다. "지수가 계속 상승하면 팔로스루 데이가 성공한 겁니다. 그러나 지수가 하락해서 돌파 수준 밑으로 내려가면, 팔로스루 데이가 실패한 겁니다."

시장이 조정에 들어가면, 그는 「IBD 50」상위 10개 종목의 흐름을 지켜본다. 이들이 바닥을 형성하거나 돌파를 준비하는지, 아니면 힘을 잃고 떨어지는지 살펴보는 것이다. 이렇게 하면 시장의 강도를 쉽고 빠르게 파악할 수 있다.

그는 직장에 근무하면서 투자하는 사람들에게 격려의 메시지를 보냈다. "생업에 종사하느라 바쁜 사람도 충분히 투자할 수 있습니다. 주말에 시장을 분석해서 바닥을 형성하는 종목들을 발굴하고, 일요일 밤에 조건부 매매 주문을 내면 됩니다. 이렇게 하면 근무하는 동안에도 매매가 체결되므로, 낮 시간에 걱정할 필요가 없습니다. 숫자 감각이 있어서 복리 수익률의 위력을 이해하고 캔 슬림 투자법을 준수하면서 손실을 최소화한다면, 장기적으로 탁월한 실적을 낼 수 있습니다."

POINT

- 팔로스루 데이를 기다렸다가 천천히 들어간다.
- 조정기에는 「IBD」의 「IBD 50」 상위 10개 종목이 바닥 패턴을 형성하는지 주목한다.
- 주말에 투자를 준비한다. 일요일 밤에 조건부 매매 주문을 내놓는다.

시나 코프(SINA) 주봉 차트(2001~2004)

중국 국내외 커뮤니티에 미디어 콘텐츠와 서비스를
제공하는 중국 인터넷 포털
K. 바슈

주가 척도

50
46
42
38
34
30
28
26
24
22
19
17
15
14
13
12
11
10
9
8
7
6
5
4.6
4.2
3.8
3.4
3.0
2.8
2.6
2.4
2.2
1.9
1.7
1.5
1.4
1.3
1.2

거래량

30,000,000
22,500,000
15,000,000
7,500,000

상대강도선

이익 실현

100% 이익

손절이 컵 바닥을
돌파할 때 매수

신고점을 기록하면서 대량 거래

2001.12 2002.3 2002.6 2002.9 2002.12 2003.3 2003.6 2003.9 2003.12 2004.3 2004.6 2004.9

135

모든 거래에서 위험을 통제하라

파람짓 첨버는 마거릿 대처가 총리였던 1980년대 영국에서 살았다. 당시 공익기업들에 대한 규제를 완화하던 때, 이들 기업에 투자한 파람짓은 꽤 좋은 실적을 올렸다. 이때 짜릿한 흥분을 맛본 그는 아무리 오래 걸리더라도 뛰어난 투자자가 되고야 말겠다는 인생의 목표를 세웠다. 그러다 1999년 5월 미국으로 건너온 그는 새로운 환경에 적응하고 정규직으로 근무하느라 바빠 그 목표를 잠시 미뤄두었다. 2006년이 되어서야 그는 적극적으로 투자를 시작할 수 있었다.

"MBA 출신인 나는 가치투자로 방향을 잡고 20개가 넘는 종목에 분산투자해보기도 하고, 배당주도 사보고, TV에 출연한 트레이더를 따라 해보기도 했습니다. 옵션과 스윙 트레이딩도 시도해봤습니다. 그러나 어떤 방법을 적용해도 원금만 계속 줄어들었습니다. 이 모든 과정을 경험하면서 다른 사람의 의견에 기대면 안 된다는 사실을 깨달았습니다. 스스로 결정해야만 하며, 구체적인 계획을 따라야 한다는 것을 알게 되었지요."

파람짓은 2008년 7월부터 『IBD』를 구독했는데, 당시는 시장이 전반적으로 어려운 시기였다. 그는 2011년 캘리포니아 산타모니카 모임에서 윌리엄 오닐의 강의를 듣고 투자의 전환점을 맞이했다. 오닐은 1900년대 초 트레이더인 리처드 와이코프의 말을 인용하면서, 모든 거래에서 위험을 통제해야 한다고 강조했다.

이후 파람짓의 시장을 보는 관점은 완전히 바뀌었다. 그는 트레이딩을 사업처럼 대해야 한다고 생각하게 됐다. 그는 MBA 학력을 바탕으로 삼아 원칙을 정립하고, 사업 계획을 세웠으며, 매월 실적을 점검했다.

그는 특정 종목에 집착해서는 절대 안 되므로, 매도 원칙이 가장 중요하다고 강조했다. "주식과 데이트는 하되 결혼해서는 안 됩니다. 거래에서 얻을 바가 없다고 생각되면, 그런 거래를 유지해서는 안 됩니다."

파람짓은 다른 투자자들에게 격려의 말을 전했다. "매매에 실패해도 당황할 필요 없습니다. 경험 부족이나 시장 전반의 흐름 탓일지도 모릅니다. 누구나 실수를 합니다. 다만, 손실을 소액으로 제한하십시오. 결단력이 있으면 해낼 수 있습니다. 그리고 대부분의 주식은 20~25% 선에서 이익을 실현해야 합니다."

POINT

- 투자 계획을 세우고 매월 실적을 점검한다.
- 누구나 실수를 한다. 손실을 소액으로 제한하라.

트레이딩 계획을 서면으로 작성하라

스티브 파워는 2005년부터 『IBD』를 구독하고 있다. 그는 캔 슬림 투자법을 충분히 이해하고 있으며, 그동안 돈도 꽤 벌었지만, 실적의 기복이 심해 고민하고 있었다. 그러다가 항상 시장 안에 발을 들여놓고 있어야 한다고 생각하는 경향 때문에 고전하고 있음을 깨달았다. 또 하나 최근 그가 깨달은 것은 상승하는 주식을 보유하고 있더라도 시장 안에 머물러야 할 때도 있고, 포지션을 정리하고 시장밖에서 기다려야 할 때도 있다는 사실이다.

그는 그동안 뚜렷한 행동 계획을 세워본 적이 없지만, 친구인 노련한 캔 슬림 투자자 톰 엘리스에게 구체적인 트레이딩 계획을 서면으로 작성하고 정기적으로 점검해보라는 권유를 받고 나서 그 중요성을 절감하게 됐다. 다국적 기업의 고위 임원으로 근무하는 스티브는 바쁜 일정상 주로 주말에 투자 자료를 분석한다.

스티브는 자신의 주말 일과를 설명해주었다.

1 **관심 종목 리스트** 이익 증가율이 두 자릿수나 세 자릿수이고, 자기자본이익률이 높으며, 매출액이 증가하는 등 펀더멘털이 우수한 선도주 10~30개로 리스트를 작성한다. 유망 종목이 너무 많아져서 관리하기 어려워지면, 펀더멘털이 우수한 종목만 남겨두고 나머지 종목으로 2차 유망 종목 리스트를

구성한다.

2 **매수 종목 리스트** 주중 매수할 만한 종목을 1~5개 골라 목록을 작성한다. 경우에 따라서는 돌파가 발생하기 전에 조건부 매수 주문을 걸어놓을 수도 있다. 아니면 바닥 패턴이 형성되는 과정을 좀 더 지켜보다가 매수할 수도 있다. 이 목록은 적어도 1개 종목 이상으로 유지하려고 노력한다. 강세장이 맹위를 떨칠 때는 종목 수가 주체하기 어려울 정도로 늘어나기 쉽다. 이때는 최고 종목을 엄선해 종목 수를 최소화한다.

3 **돌파 종목 리스트** 실제 보유 여부와 상관없이 관심 종목 가운데 돌파가 발생한 종목들의 실적을 계속 추적한다. 이는 시장 전반의 강도를 알려주는 좋은 척도이기 때문이다.

4 **손절매** 매주 스프레드시트에 손절매 기준(매수 가격보다 7~8% 낮은 가격)을 갱신해놓는다.

5 **관심 종목 추가** 매주 2회 「IBD 50」을 검토해서 새로운 투자 아이디어를 얻는다. 「마켓스미스MarketSmith」에서 이익과 매출이 우수한 종목을 한두 개 찾아낸다.

6 **기록의 유지관리** 적어도 주 1회 시장 일지를 작성한다. 매매한 뒤에는 반드시 작성한다. 포트폴리오 실적 평가 스프레드시트에 매매에 대한 사항을 자세히 기록하고, 이를 갱신하면서 시장 포지션, 위험, 이익 등을 평가한다.

다음은 스티브의 하루 일과다. 생업에 종사하느라 바쁜 투자자들에게 좋은 참고점이 될 것이다.

1 「빅픽처」 칼럼을 읽고 전체 시장의 추세를 확인한다.

2 관심 종목, 매수 종목, 돌파 종목 등 주식 리스트를 확인한다.

3 매매 관련 사항들을 기록하고, 현재 보유한 포지션을 갱신한다.

4 관심 종목이 돌파할 채비를 갖추면 매수 종목의 우선순위와 매수 포인트를 재점검한다.

5 매수 신호나 매도 신호가 나타나면, 해당 종목에 조건부 매매 주문을 걸어놓는다.

6 『IBD』 기사를 읽고 새로운 매매 아이디어를 얻는다.

7 매매가 이루어지면 반드시 매매 일지를 작성한다.

스티브의 말이다. "정확하게만 적용하면 이 방법으로 큰 효과를 거둘 수 있습니다. 한 가지 더 이야기하자면, 나는 투자에서 감정을 배제하기 위해 최대한 기계적으로 매매합니다."

솔라윈즈(SWI) 일봉 차트(2011~2012)

네트워크 성능 관련 문제를 인식하고 해결하는
업무용 네트워크 관리 소프트웨어 개발
스티브 파워

주가 척도

50
45
40
35
30
25
20

42.05달러에 이익 실현

25% 이익

50일 이동평균선

200일 이동평균선

컵 바닥 돌파 시
33.69달러에 매수

돌파일의 대량 거래

최근 2분기 동안 매출이
각각 34%, 39% 증가.
지난 4분기 동안 펀드의
보유 비중도 증가

거래량
2,000,000
1,500,000
1,000,000
500,000

8월 5 19 2 8월 16 30 9월 14 28 10월 11 25 11월 9 23 12월 6 20 1월 3 17 2월 2 16 3월 2 16 30 4월 13 27 5월 11 25 6월 8 22 7월 6 20

141

기금 운용에서 개인 투자까지

1960년대 켄트 데이먼은 씨티은행City Bank의 전신인 퍼스트 시티 내셔널 뱅크 오브 뉴욕First City National Bank of New York에서 애널리스트로 근무했다. 이어서 애틀랜틱 리치필드Atlantic Richfield에서 6년 동안 석유 애널리스트로 근무하면서 기업설명회IR를 책임졌다. 1995년 미국 석유 회사 아르코Arco로 옮겨 연금기금 운용과 감독을 총괄하는 수석 부사장이 됐다.

그의 밑에는 30명의 애널리스트가 있었는데, 이들은 경험과 실적에 따라 자금을 할당받아 포트폴리오를 운용했다. 주로 성장주를 매입하던 이 펀드는 윌리엄 오닐이 제시한 차트 분석 기법을 지침으로 삼았다. 오닐은 때때로 애널리스트 팀에게 선도주들의 어떤 속성에 주목해야 하는지 조언을 해주기도 했다. 아르코 펀드는 캔 슬림 투자법을 따르면서 1985~1990년 5년 연속 미국 연금기금 중 실적 상위 10%에 포함되는 우수한 성과를 냈다.

1993년 켄트는 아르코 아시아·태평양 사장으로 임명되어 홍콩에서 장기간 거주했다. 2001년 은퇴한 뒤 미국으로 돌아온 그는 『IBD』를 구독하기 시작했다. 1960년대 유망 성장주에 주로 투자하는 젊은 투자자로 투자의 세계에 발을 들여놓은 뒤 아르코의 연기금을 관리하다가 캔 슬림 투자법을 적용하는 개인투자자로 돌아온 것이다.

켄트의 설명이다. "나는 『IBD』의 「빅픽처」 칼럼에 크게 의지해서 전체 시장의 방향을 파악합니다. 『IBD』에는 시장과 주식에 관한 모든 유용한 정보가 매우 쉽게 설명돼 있습니다. 펀더멘털 데이터도 빠짐없이 열거되어 있지요."

그는 실적에 여유가 있고 펀더멘털이 여전히 강하면, 대박 종목들을 계속 보유한다. 또한 주가가 정상적인 하락세를 보일 경우, 차트에 기관의 대량 매도 신호가 나타나지 않으면 계속 보유한다. 그는 2010년 말에 산 애플을 2012년 9월까지 계속 보유했다.

현재 캘리포니아주 몬테시토 모임의 리더로 활동하면서 다른 투자자들을 돕고 있는 켄트는 그동안 투자하면서 쌓은 경험을 되돌아보면서 원칙 준수의 필요성을 다시금 깨닫게 되었다고 강조했다.

POINT
실적에 여유가 있을 때는 기관의 대량 매도 신호가 나타나지 않는 한 정상적인 조정장이라 보고, 대박 종목을 계속 보유한다.

시장에 맞서지 마라, 시장을 존중하라

1995년 자한다르 카크반드는 도서관에서 공학 자료를 조사하다가 우연히 『최고의 주식 최적의 타이밍』을 보게 됐다. 그는 이 책을 읽은 다음 『IBD』를 열심히 구독했고, 그 결과 투자에 성공해서 1999

년 기술자로 일하던 것을 그만두고 전업 투자자가 되었다.

자한다르의 이야기를 들어보자. "개인투자자들에게는 엄청난 이점이 있습니다. 기관투자가들보다 훨씬 신속하게 시장을 들락거릴 수 있지요. 덕분에 위험 신호에 유의하면서 간단한 원칙을 준수하기만 하면 매우 좋은 실적을 낼 수 있습니다. 물론 개인투자자들은 실수를 많이 한다는 사실은 받아들여야 합니다. 초보 투자자들의 경우 더욱 그렇습니다. 아기가 걸음을 배우는 것이나 마찬가지입니다. 아무리 많이 넘어지더라도 계속 시도해야 합니다. 인내심을 갖고 개선되는 모습이 나타나면 그 태도를 계속 유지해야 합니다. 무엇보다 시장에 맞서 싸워서는 안 됩니다. 시장 추세를 존중해야 합니다(캔슬림의 'M')."

자한다르는 2007년 바이두를 매입해 큰 이익을 거두었다. "2007년 여러 기사를 통해 바이두를 주목하게 되었습니다. 2007년 6월 132달러에 사서 대규모 반전이 일어난 2007년 10월 320달러에 팔아 142% 이익을 실현했습니다."

POINT

- 개인은 실수를 많이 할 수밖에 없다는 사실을 받아들인다.
- 인내심을 발휘한다.
- 시장에 맞서 싸우지 않는다.

소통은 균형을 유지하게 해준다

제리 파월은 2011년 애너하임 모임에서 윌리엄 오닐의 강연을 들었다. 제리는 그날의 감동을 이렇게 전했다. "오닐의 강연을 듣고 나서 트레이딩에 큰 영향을 받았습니다. 오닐이 자신의 투자법을 매우 논리적으로 쉽게 설명해줘서 금세 이해할 수 있었습니다."

그는 캔 슬림 투자법의 매력에 푹 빠졌고, 시장이 하락세를 보일 때는 무엇보다 현금화하는 것이 중요하다는 사실을 깨달았다. 장기 보유 전략이 투자를 망칠 수 있다는 것도 배웠다.

그동안 옵션 트레이딩으로 성공을 거뒀던 제리는, 퇴직연금만 생각하면 걱정됐다. 노후 대비 자금으로 투자하면서 그는 캔 슬림 투자법에 따라 잠재 대박 종목을 발굴하고 매매하고 있다. 또한 그는 손실을 소액으로 제한하기 위해 8% 손절매 원칙을 반드시 준수한다.

제리는 2011년 12월 21일 팔로스루 데이 직후 396달러에 애플을 매수해 2012년 4월 11일 624달러에 팔아 57% 이익을 실현했다.

그의 전략은 간단하다. 『IBD』의 「빅픽처」 칼럼으로 전체 시장의 추세를 따라가고, 『IBD』의 여러 기사에서 대박 선도주들을 발굴하며, 이들이 박스권을 돌파할 때 산다. 대부분의 주식은 20~25% 선에서 이익을 실현하고, 다른 투자자들과 계속 만나면서 시장의 추세와 선도주에 대해 토론한다.

그는 자신과 생각이 비슷한 다른 투자자들과 정보를 공유하기 위해 페이스북 트레이딩 그룹을 시작했다. "사실 트레이딩은 매우 고독한 작업입니다. 홀로 매매하다 보면 지나치게 우쭐해지거나 의기소침해지기 쉽습니다. 이를 방지하기 위해 다른 사람들과 소통하면서 균형을 유지할 필요가 있습니다."

제리는 다이아몬드 바 모임에도 참가하는 회원이다. 이 모임의 수준 높은 교육과 참가자들 덕분에 캔 슬림 투자법을 깊이 이해하게 되었다고 그는 말했다.

따로 또 같이, 집단지성의 힘

변호사인 존 매컬은 미국에서 가장 활발한 『IBD』 모임 중 하나인 패서디나 모임의 리더다. 존은 월례 모임이 끝나고 다음 모임이 개최되기까지 회원들이 대화할 수 있도록 구글 그룹을 만들기도 했다. 이 그룹은 특정 주제에 대해 회원들이 이메일로 대화를 이어가는 방식으로 소통하고 있다. 모임 회원들은 그룹의 모든 사람에게 동시에 이메일을 보내 시장이나 종목에 대해 토론할 수 있다. 이메일은 참석하기로 선택한 그룹 회원 모두에게 발송된다. 이를 통해 상승 돌파나 하락 돌파가 발생하는 종목을 회원들에게 알려주고, 종목이나 시장에 대한 질문에 답해주기도 한다. 노련한 투자자들이 정기적으로 대화에 참여해 초보 투자자들을 가르쳐주기도 한다.

존은 바닥권을 형성하는 종목의 차트에 펀더멘털이나 기술적 흐름에 관한 설명을 덧붙인 이메일을 발송한다. 그는 매일 다른 사람들을 가르치고 도와주려고 공부하다 보니 시장의 흐름과 선도주들의 움직임을 빠짐없이 파악할 수 있었다고 말했다. 그는 자신의 트레이더 모임에 대해 이렇게 설명했다. "패서디나 모임의 리더가 되기 전, 산타모니카 모임에서 박식한 트레이더들을 만날 때마다 짜릿한 기쁨을 느꼈습니다. 이 모임에 참석하는 2년 동안 훌륭한 친구들을 사귀고 트레이딩 기술을 연마하면서 자신감이 점점 커졌습니다."

변호사로 일하며 바쁘게 살다 보니 바닥 패턴을 돌파하는 종목을 놓칠 때도 있다. 그러나 좋은 종목은, 예컨대 10주 이동평균선으로 후퇴하는 등 다른 매수 포인트를 만들게 마련이다. 그리고 강력한 반등장에서는 살 만한 유망주가 많아서 한 종목을 놓치더라도 다른 종목을 잡으면 된다. 존은 대개 보유 종목 수를 최대 6개로 제한하며, 이를 실적이 가장 좋은 몇 개 종목으로 압축하려고 노력한다. 존의 설명이다. "내가 매매하는 종목은 대부분『IBD』에서 발굴한 것들입니다. 나는 매일 여러 가지 신문을 꼼꼼히 훑어보는데, 반드시「마켓스미스」를 펼쳐놓고 흥미로워 보이는 주식의 차트를 분석합니다."

그는 자신을 흥분에 휩싸이게 만들었던 매매를 즐겁게 떠올렸다. "컴퓨터 데이터 저장회사 EMC가 내 첫 번째 대박 종목입니다. 돌아보면 기막힌 행운 덕에 400%나 수익을 냈지만, 나는 여전히 배울 것이 많습니다. 한번은 『IBD』에서 읽은 내용을 바탕으로 박람회에서 만난 EMC 임원에게 여러 가지 이야기를 해주었는데, 자기 회사의 성장 잠재력에 깜짝 놀라더라고요. 하지만 매도 원칙을 잘 몰랐던 탓에 2000년 말 정점에서 팔지 못했습니다. 그러나 다행스럽게도 『IBD』에서 선도주들이 무너지고 있으며 디스트리뷰션 데이가 오는 중이라는 기사를 읽은 다음, EMC가 40주 이동평균선 밑으로 내려갈 때 포지션을 모두 청산했습니다(캔 슬림의 'L')."

> **POINT**
> - 이메일 토론을 위한 구글 그룹 개설을 고려한다.
> - 대박 종목들에는 매수 포인트가 여러 번 만들어진다.

실망하지 마라. 실수는 성공의 다른 이름이다

데브라 클루트는 1990년대 아버지를 통해서 주식에 관심을 갖게

EMC(EMC) 주봉 차트(1998~2000)

정보 인프라와 가상 인프라 기술 개발
존 매컬

주가 척도
120
110
100
90
80
70
60
50
46
42
38
34
30
28
26
24
22
19
17
15
14
13
12
11
10
9
8
7
6
5
4.6
4.2
3.8
3.4
3.0
2.8
2.6

400% 이익

이번에도 매도 원칙이 없어서
50일 이동평균선이 깨질 때
팔지 못함. 약 60달러에 매도

매도 원칙이 없어서
조정을 보지 못함

40주 이동평균선

약 12달러에 매수.
당시 피라미딩 매수 기법을 알지 못했음.

평평한 바닥

10주 이동평균선

돌파주의 대량 거래

거래량
112,000,000
84,000,000
56,000,000
28,000,000

96.3 96.6 96.9 96.12 97.3 97.6 97.9 97.12 98.3 98.6 98.9 98.12 99.3 99.6 99.9 99.12 00.3 00.6 00.9 00.12

149

됐다. 펀드 투자로 주식에 입문한 그녀는 1999년부터 개별 종목에 투자하기 시작했다. 그러나 간혹 투자에 성공할 때도 있었지만, 시장과 종목의 움직임을 제대로 따라가지 못했다. 그러다 윌리엄 오닐의 캔 슬림 투자법과 플로리다주 클리어워터 모임을 발견하고 나서 모든 상황이 바뀌었다. 한 달에 한 번 모임에 참석하기 시작하면서 『IBD』와 'Investors.com'을 알게 됐고, 이때부터 투자에 대해 집중적으로 공부하기 시작했다.

2011년 3월 네이퍼빌 모임 리더가 클리어워터 모임을 방문해서 직업을 바꾸는 일에 대해 이야기했다. 오랜 기간 회사에서 회계사로 근무한 데브라는 전업 투자자가 되어 트레이딩에 더 많은 시간을 쓰고 싶었다. 이를 계기로 그녀는 전업 투자가 실제로 가능하다는 것을 깨달았다.

그해 말 윌리엄 오닐의 아들이자 「마켓스미스」의 사장인 스콧 오닐이 클리어워터 모임에서 강연했다. "시장에 내 돈을 가져다 바칠 이유가 없습니다"라는 그의 말에 그녀는 전적으로 공감했다.

데브라는 『IBD』 고급 워크숍에 몇 번 참석했고, 지난 3년 동안의 거래를 모두 다시 분석하기 시작했다. 이 과정을 거치면서 그녀는 자신의 매매에서 개선할 부분을 파악할 수 있었다. 그녀는 과거의 매매 실수에 실망하는 대신, 이를 소중한 경험으로 삼았다. "실수는 곧 배움입니다. 나의 잘못을 돌아보면, 나중에 똑같은 실수를 하지 않을 수 있습니다."

2012년 1월 데브라는 시장이 급변할 조짐을 보인다는 것을 알아챘다. "시장의 움직임을 보니 새로운 상승세가 시작될 것 같았습니다. 절호의 기회가 다가오고 있었던 거지요. 시장이 강세 흐름으로 돌아설 것이 분명했으므로 선도주들의 돌파에 대비해야 했습니다 (캔 슬림의 'M')." 전업 투자자로 전향한 데브라의 여정은 이렇게 시작됐다.

그녀가 올린 이익은 다음과 같다.

트랙터 서플라이: 11주 동안 보유해 23% 이익

애플: 13주 동안 보유해 33% 이익

마스터카드MasterCard: 11주 동안 보유해 21% 이익

POINT

- 매매를 사후분석해 개선할 점을 찾아낸다.
- 항상 새로운 상승세에 대비해 돌파 종목에서 이익을 얻는다.

트랙터 서플라이(TSCO) 일봉 차트(2011~2012)

44개 주에 농업 장비 매장 1085개 운영.
2012년 90~95개 매장(8~9%) 추가 개설
대보라 블루트

주가 척도

100

90

80

70

거래량
1,400,000
1,050,000
700,000
350,000

2012년 4월 16일 98.55달러에 전량 매도

23% 이익

50일 이동평균선

200일 이동평균선

2012년 2월 2일 80.90달러와
79.50달러에 매수

거래량이 평균의 37% 초과

2011년 12월 20일
팔로스루 데이

마스터카드(MA) 일봉 차트(2011~2012)

금융 회사들의 신용 및 직불 프로그램을 지원하는
세계 지불 솔루션 제공
데브라 클루트

2012년 4월 16일 434.3달러에 매도

21% 이익

2012년 2월 1일 358달러에 매수

평평한 바닥

2011년 12월 20일
플로스루 데이

주가 척도

450

400

350

거래량
1,800,000
1,350,000
900,000
450,000

20 4월 6 23 3월 9 24 2월 10 27 1월 13 30 2 16 12월 2 18 11월 4 21

153

성공에 이르는 배움에는 끝이 없다

제프 하임스태트는 말리부 페퍼다인대학 4학년에 재학하던 당시, 저녁식사 자리에 초대를 받아 동아리 친구의 집에 갔다. 그 자리에서 그는 잘나가는 주식 중개인에게 주식시장에 대한 이야기를 들었다. 열심히 공부할 의지만 있으면, 누구나 큰돈을 벌 수 있는 기회의 장이라고 했다. 큰돈을 벌 가능성과 지적 도전에 매력을 느낀 제프는 대학을 졸업한 직후 메릴린치에 취직했다.

그는 회사 동료를 통해서 『IBD』를 알게 되었고, 윌리엄 오닐의 『최고의 주식 최적의 타이밍』도 읽게 되었다. 그는 『IBD』는 물론「데일리 그래프Daily Graphs」(현재의「마켓스미스」)도 구독했는데, 매주 토요일 이 차트 책을 보면서 바닥 패턴을 형성하는 종목들을 찾아냈다. "당시에는 인터넷도 없었고 차트 서비스도 매우 드물었습니다. 그런 면에서「데일리 그래프」는 대단한 자료였지요."

1998~1999년 제프는 야후Yahoo! 등 '인기' 기술주를 여러 종목 샀다. 그의 전략은 박스권을 탈출하는 시점에 주식을 사되, 1~2포인트 넘게 하락하면 파는 방식이었다. 1998년 1월부터 2000년 2월까지 26개월 동안 그의 계좌는 750% 넘게 불어났다.

제프의 일과는 전날 밤「eIBD」(인터넷판『IBD』) 읽기로 시작된다. 그는 여기서 아이디어를 찾아내고 눈에 띄는 차별화된 기업에 집중한다. 그는 수요가 많은 제품과 서비스를 제공하는 새로운 기업(캔 슬림의 'N')에 초점을 맞춘다.

시장에서 거래가 이뤄지는 동안, 그는 「마켓스미스」 화면을 보며 거래량이 증가하는 종목을 추적해서 바닥을 돌파하면 사람들의 관심을 즉시 끌어모을 만한 종목인지 판단한다. 시장은 상승세이지만 마이너스로 개장하는 날에는 어느 종목이 가장 먼저 상승세로 돌아서는지 살펴본다. 이런 방식을 적용하면서 그는 그동안 대박 종목을 여럿 발굴해냈다.

그는 1990년부터 참석하기 시작한 『IBD』 워크숍에서 큰 영향을 받았으며, 트레이딩을 하는 데 있어 많은 도움을 받았다고 말했다. 그동안 그는 『IBD』 고급 워크숍에 빠짐없이 참석했다. "워크숍에 참석하면서 시장과 투자에 대해 중요한 것들을 많이 배웠습니다. 참석하는 워크숍마다 보석처럼 소중한 교훈을 얻을 수 있었습니다. 지금도 나는 계속 배우고 있습니다."

제프의 이야기는 계속됐다. "그러면서 깨달은 중요한 사실이 하나 있습니다. 그동안 열심히 투자했다고 생각했는데 시스코 시스템즈, 마이크로소프트, 인텔, 델, 홈디포Home Depot 등 1980년대와 1990년대 대박 종목들을 내가 단 하나도 잡지 못했다는 겁니다. 이들이야말로 인생을 바꿀 만한 종목들이지요. 물론 1990년대 기술주의 호황으로 근사한 실적을 올리긴 했지만, 경험이 부족했던 탓에 이런 대박 종목을 잡아 막대한 이익을 내지는 못했습니다." 제프는 아쉬움을 떨쳐내며 말을 이었다. "하지만 시장의 움직임은 돌고 돌게 마런입니다. 지금 나는 새로운 강세장이 다시 시작될 거라는 생각에 들떠 있습니다. 윌리엄 오닐과 크리스 게젤이 2012년 8월 온라인 세미나에서 이 같은 가능성을 논의했지요. 새로운 강세장이 시작되면 꼭 대박 종목을 잡아 막대한 이익을 얻을 수 있도록 트레이딩 기법을 연마하는 데 노력하고 있습니다. 덕분에 지난 3년 동안 피라미딩 기법으로 다섯 차례 추가 매수하면서 애플로 큰 이익을 거둘 수 있었습니다."

POINT

- 장중 『IBD』의 「마켓스미스」나 'Investors.com'의 「주식 동향」에서 거래량이 이례적으로 증가하는 종목을 찾아본다.
- 수요가 많은 제품과 서비스를 제공하는 새로운 기업(캔 슬림의 'N') 에 초점을 맞춘다.

크록스(CROX) 일봉 차트(2006~2007)

크록슬라이트는 독점 수지 재료로 신발 제조
재료 하임스타트

주가 척도

80 70 60 50 40 30 20

2007년 10월 31일 실적 발표 시
74달러에 전량 매도

2007년 9월 24일 62달러에 추가 매수

200일 이동평균선

223% 이익

50일 이동평균선

순장이 컵 바닥 돌파가 발생한
2007년 4월 30일 27.75달러에 추가 매수

2회 매수분이 3주 이내 20% 상승해
8주 보유 원칙 적용

2007년 1월 10일 23달러에 처음 매수

매수일의 대량 거래

거래량
11,200,000
8,400,000
5,600,000
2,800,000

바이두(BIDU) 일봉 차트(2007~2008)

인터넷 검색, 인터넷 표적 광고, 인터넷 콘텐츠
서비스를 제공하는 중국 회사
재료 하임스테트

주가 척도

여섯 번째 디스트리뷰션 데이가 발생대량 매물한
2007년 10월 24일 344.05달러에 전량 매도

58% 이익

2007년 9월 4~11일
212.60~223.50달러에 4회 매수

상대강도선

매수 기간의 대량 거래

거래량

158

애플(AAPL) 주봉 차트(2007~2012)

스마트폰, PC, 휴대용 디지털 음악 플레이어 제조업체
제표 하임스테트

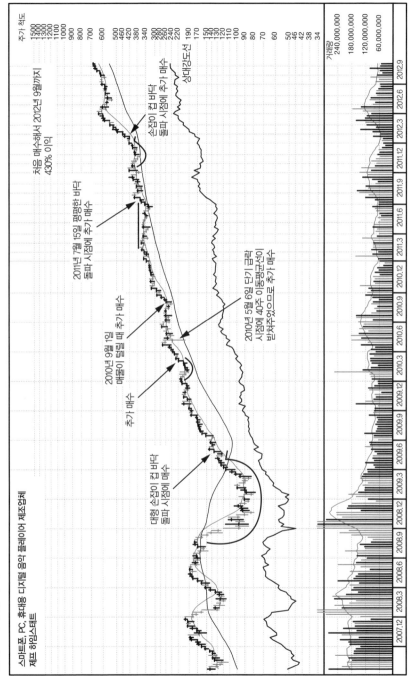

처음 매수해서 2012년 9월까지
430% 이익

주가 척도

2011년 7월 15일 평평한 바닥
돌파 시점에 추가 매수

순잔이 컵 바닥
돌파 시점에 주가 매수

상대강도선

2010년 9월 1일
매물이 털릴 때 추가 매수

추가 매수

2010년 5월 6일 단기 급락
시점에 40주 이동평균선이
받쳐주었으므로 추가 매수

대형 손잡이 컵 바닥
돌파 시점에 매수

거래량

159

혁신적인 신제품이
새로운 상승세를 이끈다

2007년 6월 29일 금요일, 데이브 휘트머는 아이폰 구매 행렬 속에서 있었다. 그는 피츠버그 교외에 있는 쇼핑몰에서 최신 기종을 샀다. 데이브는 애플이 선보인 이 멋진 신제품에 그야말로 홀딱 빠져버렸다. "내가 처음으로 사본 애플 제품입니다. 주말 내내 아이폰을 만지작거렸는데, 광고보다 훨씬 좋더라고요. 믿기 어려울 정도였어요."

그는 아이폰이 애플의 주가에 놀라운 흐름을 만들어낼 것이라 직감했다. "아이폰 덕분에 전국에 흩어져 있는 해군 시절 친구들과 연락하는 호사를 누렸는데, 이들 말로는 애플 매장이 있는 길목마다 사람들로 장사진을 이루고 있다고 하더라고요. 캔 슬림의 'N'에 해당하는 것이지요. 아이폰에 대한 대규모 수요로 애플의 매출과 이익이 증가해 기관이 이 주식을 사들일 것으로 예상됐습니다. 그래서 월요일 개장하자마자 21일 이동평균선으로 후퇴하는 애플 7월 콜옵션을 1.20달러에 샀습니다. 이어서 주가가 140달러를 넘어갈 때 9.0달러에 옵션 포지션을 청산했습니다. 2주 반 만에 750% 이익을 냈습니다. 제품에 대한 확신이 있었기에 이 거래를 자신 있게 실행할 수 있었지요."

옵션거래, 시장의 미래에 투자한다

지니 맥그루는 매일 『IBD』의 「빅픽처」 칼럼으로 전반적인 시장 추세를 확인한다. 2011년 12월 시장에 새로운 추세가 시작되었을 때, 지니는 기다리면서 팔로스루 데이가 유효하고 선도주들이 바닥 패턴을 돌파하는지 지켜보았다(캔 슬림의 'M'). 2012년 1월 시장 추세가 강세를 유지하고 선도주들이 이익을 지켜내는 모습을 확인한 다음, 그녀는 스파이더SPDR S&P 500 콜옵션을 샀다(캔 슬림의 'M'). 30만 달러로 시작한 계좌 잔액은 3개월도 지나지 않아 36% 증가한 41만 달러가 되었다.

지니는 강조했다. "가장 중요한 요소는 위험을 관리해서 손실을 소액으로 제한하는 것입니다."

POINT
- 시장 추세를 파악한다.
- 거래량이 이례적으로 증가하는 종목을 찾아 다양한 옵션 전략을 구사한다.

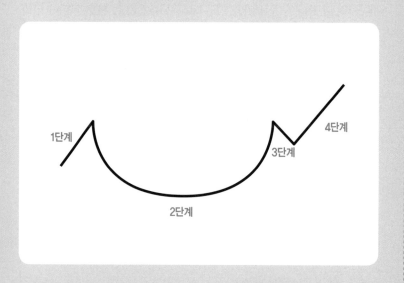

1단계 신고가

시장의 전반적인 호조, 높은 실적, 기업의 성장성, 실적 개선 등 다양한 재료를 바탕으로 수급이 늘어나면서 신고가를 형성한다. 최소 30% 이상 상승한 후 조정 국면에 진입한다. 반드시 대량 거래를 수반한 상승이어야 하며, 상승률은 높을수록 좋다.

2단계 조정

신고가를 기록하자 투자자들이 이익 실현에 나서며 주가가 조정받기 시작한다. 최소 6주에서 최장 65주까지 다양한 기간에 걸쳐 나타나며, 대개 3~6개월 정도 걸린다.

대부분 몇 주 동안 둥글게 바닥을 다지지만 일부는 바닥이 더 좁게 나타나기도 한다. 이때 U자형 조정인지 급락 후 급등을 나타내는 V자형 조정인지 구분해야 한다. 주가가 급락하지 않고 점진적으로 하락하면서 매물이 충분히 소화되는 U자형 패턴이 이후 상승할 확률이 높다.

오닐은 컵의 깊이가 고점 대비 25% 하락한 정도면 바람직하다고 봤다. 직전 고가 대비 하락폭이 평균 15~35% 정도면 적정하다. 하락폭이 클수록 상승 가능성은 낮아진다.

3단계 컵의 손잡이

손잡이 달린 컵 패턴에서 가장 중요한 부분이다. 1단계보다는 낮은 가격에 형성되는데, 신고가 직전까지 주가가 반등하다가 조정받는 모습을 보인다. 컵 바닥에서 상승한 다음 바닥의 3분의 1 위쪽에서 만들어진 손잡이일수록 좋다. 손잡이가 만들어지는 기간은 1~4주 정도, 가격 조정폭은 10~15% 정도가 적당하다. 일 거래량이 평균 거래량보다 줄어드는 모습을 보인다.

4단계 컵 손잡이 이후

거래량이 증가하면서 주가가 크게 상승하는 모습을 보인다. 최적의 매수 시점이다.

* 저작권사의 허락을 받아 '손잡이 달린 컵' 내용을 추가하였습니다.

WINNING
SECRETS

08

———

잡초를 뽑아내고 최고의 종목을 추려내라.
대박 종목은 그 모습을 뚜렷이 드러내는 법이다.

| 윌리엄 오닐 |

투자로 인생이 바뀌는 순간

반전

옛날 한 선사禪師가 제자와 산책하다가 토끼를 쫓는 여우를 가리키며 말했다. "여우는 토끼를 잡지 못할 것이다." 제자는 "그렇지 않을 겁니다"라고 대답했다. 그러자 선사가 다시 말했다. "여우가 더 빠르지만, 그래도 토끼는 잡히지 않을 것이다." 제자가 그 이유를 묻자 선사가 대답했다. "여우는 저녁거리를 얻으려고 달리지만, 토끼는 목숨을 지키려고 달리기 때문이다."

투자의 루틴을 만들어라

『IBD』를 구독하면서 여러 해 투자해온 바버라 제임스는 30년을 함께하던 남편이 갑자기 심장마비로 사망하는 일을 겪었다. 게다가 1년 반 뒤에는 비서로 근무하던 대기업에서 해고당했다. 은퇴할 무렵이 다 된 터라 다시 취직해서 이전 수준의 급여를 받기는 어려울 것 같았다. 하지만 사회보장연금으로는 생활비를 도저히 감당할 수 없었다.

원칙과 노력이 성공한 투자자를 만든다

2004년부터 퇴직 이후의 삶을 생각해온 바버라는 1990년대 호황기 때 주식에 투자해서 얻은 커다란 이익으로 주택자금 대출금과 자동차 할부금을 상환했다. 이 기간 바버라는 EMC 1300%, 갭 Gap 200%, 오라클 Oracle 254%, 인텔 235%, 시스코 시스템즈 44%의 수익률을 기록했다.

마음의 대비는 했지만 남편을 잃고 나서 직장까지 잃으며 바버라는 심리적으로 큰 고통을 느꼈다. 바버라는 비슷한 상황에 처한 투자자들에게 다음과 같이 조언했다. "자신의 능력을 믿으세요. 물론 열심히 공부하고 차트 읽는 법을 익혀야 합니다. 차트 분석은 간단히 말해 시각을 이용하는 기술입니다. 무엇이 보이나요? 차트가 무엇을 알려줍니까? 차트가 알려주는 대로 따라가세요. 그리고 시장의 추세를 지침으로 삼아 시장에 들어갈 때와 나올 때를 판단하면 됩니다. 나는 투자와는 전혀 무관한 비서로 오랫동안 경력을 쌓아왔고, 부동산을 팔아치워야 할 만큼 경제적 사정도 좋지 않았습니다. 이렇듯 투자와는 전혀 무관했던 나 같은 사람도 투자에 성공했으니, 누구나 성공할 수 있을 겁니다."

바버라는 정기적으로 참석한 『IBD』 워크숍에서 자신을 성공으로 이끈 투자 지식을 대부분 습득할 수 있었다며, 지금도 워크숍에 참석할 때마다 새로운 지식을 알게 된다고 말했다. "시장에 대해 계속 공부하는 과정이 큰 도움이 됐습니다. 『IBD』에는 교육 자료가 가득 담겨 있습니다. 이를 잘 이용하면 차트 분석법을 배워 누구나 투자 실력을 개선할 수 있습니다."

투자를 일상화하라

성공적인 투자를 위해 바버라는 오랫동안 자신이 해야 할 일을 수정하고 보완해왔다. 바버라는 이를 바탕으로 자신의 아침 일과를 정하고, 매일 아침 이를 철저히 준수하고 있다. 바버라는 덕분에 바닥을 돌파하는 선도주를 놓치는 일이 없었다고 설명했다.

1 개장 전, 『IBD』의 「빅픽처」 칼럼과 '마켓 펄스' 섹션을 보며 시장이 상승세인지 하락세인지 확인한다. 거래량이 증가한 선도주에 동그라미 표시를 하고 관심 종목 리스트에 추가한다.

2 이어서 「마켓스미스」 화면 두 개를 연다.

   a 먼저 캔 슬림 종목을 보여주는 윌리엄 오닐 화면을 연다. 차트를 차례로 클릭하면서 바닥 패턴을 형성해 매수 포인트에 접근하는 종목이 있는지 찾아본다.

   b 다음 화면에서는 거래량이 대폭 증가한 종목을 찾는다. 기관의 매수세를 추적하려는 것이다.

3 「리더 보드」를 살펴본다. 현재 시장의 선도주를 집약적으로 보여주므로 시간이 많이 절약된다.

4 'Investors.com'의 「주식 동향」을 보면서 기관의 매수세가 유입되는 종목을 찾는다.

바버라는 여러 리스트에 반복해서 나타나는 종목을 찾는다. 이런 종목은 대폭 상승할 것이라 생각해도 무방하다.

바버라는 "매일 계속 실행할 수 있는 간단하고도 효과적인 일과를 만들어내야 합니다"라고 강조했다. 매일 아침 동료 트레이더와 통화하는 일도 그녀의 일과에 포함된다. 이들은 시장 추세와 돌파 종목에 대해서 이야기를 나눈다.

그녀는 캔 슬림 투자법을 따르자 실적이 좋아졌다며, 대부분의 주식은 20~25% 선에서 이익을 실현하고, 매수 가격의 7~8% 아래에서 손절매한다고 설명했다. 단, 변동성이 큰 시장에서는 손절매 기준을 5~6%로 낮춘다.

2009년 바버라가 이익을 낸 종목은 다음과 같다.

푸키 인터내셔널: 42% 이익

그린 마운틴 커피 로스터즈: 21% 이익

실버 휘튼 Silver Wheaton: 39% 이익

스파이더 골드 셰어즈SPDR Gold Shares: 17% 이익

2010년 바버라가 이익을 낸 종목은 다음과 같다.

네트워크 어플라이언스 NetApp: 21% 이익

샌디스크SanDisk: 27% 이익

캔 슬림으로 인생역전을 실현하다

2009년 바버라는 F5 네트워크를 세 번 매수해 4월 12%, 11월 22% 이익을 실현했다. 그러나 세 번째 매매는 결과가 좋지 않았다. 자신이 세운 원칙을 어기고 실적 발표 직전에 매수했기 때문이다. F5 네트워크가 기대에 못 미치는 실적을 발표하자 그 여파로 주가가 26%나 급락했다. 세 번째 매매 때문에 그동안 얻은 근사한 이익을 모조리 날려버렸다.

그때까지의 좋은 실적에 방심한 나머지, 보유 종목의 실적 발표일을 관리하는 데 소홀했다고 그녀는 털어놓았다. 이후 그녀는 실적

발표 직전에는 주식을 절대 사지 않는다. 실적이 좋으면 급등하지만, 실적이 나쁘면 급락할 수도 있기 때문이다.

바버라는 초보 투자자들을 돕는 데서 큰 기쁨과 보람을 느낀다. 머니쇼가 열릴 때면 그녀는 『IBD』 부스에서 시간제로 근무한다. 바버라는 방문객과 1 대 1로 마주 앉아 『IBD』를 효과적으로 읽는 방법을 설명해주며 자신이 대박 종목을 찾아낸 과정을 이야기해준다. 그녀는 특히 나이 들어가면서 돈 걱정이 늘어나는 여성이나 은퇴한 투자자들을 돕고 싶어 한다. 이런 이들을 상담해주다 보면 매도 원칙을 몰라서 은퇴 자금의 40~50%를 날렸다는 가슴 아픈 이야기를 많이 듣게 된다. 바버라는 이들에게 자신이 재정적 위기를 극복한 이야기를 들려주면서, 캔 슬림 투자법을 배워 인생역전을 시도해보라고 격려해준다.

바버라의 설명이다. "나는 위탁계좌와 개인퇴직계좌IRA 둘 다 직접 관리하고 있습니다. 이렇게 하기 위해 차트 분석 기법을 익히는 것 외에도 많은 노력이 필요했습니다. 무엇보다 나의 능력을 믿는 일이 가장 어려웠습니다. 놀랍게도 내 계좌를 운용했던 펀드매니저들은 나만큼 실적을 내지 못했습니다. 내가 두 계좌를 관리하는 데 성공했다는 사실은, 주식중개인이나 펀드매니저보다도 이들 계좌를 내가 더 잘 관리할 수 있다는 증거입니다. 이제는 아무도 나만큼 내 돈을 관리할 수 없다고 자신 있게 말할 수 있습니다. 이를 계기로 내 사고방식은 완전히 바뀌었습니다."

F5 네트워크(FFIV) 일봉 차트(2010~2011)

네트워크 기반 애플리케이션 전송 및
네트워크 자원을 최적화하는 기술 제공
바버라 제임스

실적 발표 전까지 34% 이익
최종적으로는 8% 이익

연초에 주식 매수

일부 이익 실현

주가 이익 실현

실적 발표 직전에 매수

실적 발표 시점에 26% 하락

상대강도선

주가 척도

140

120

100

80

60

거래량

4,000,000
3,000,000
2,000,000
1,000,000

12 26 9 23 5 21 4 18 2 16 30 13 27 10 24 8 22 5 19 3 17 31 14 28 11 25 11
4월   5월   6월   7월   8월   9월   10월   11월   12월   1월   2월   3월

173

그녀는 주식시장에서 번 돈으로 매년 한 달씩 외국 여행을 다녀온다. 지금까지 인도, 아시아, 코스타리카, 아프리카, 호주, 뉴질랜드, 동유럽 등을 다녀왔다.

P O I N T

- 차트 분석법을 배운다.
- 시장 추세를 지침으로 삼아 시장에 들어갈 때와 나올 때를 판단한다.
- 매일 일과를 준수하며 시장 추세를 따르고 선도주를 파악한다.
- 대부분의 주식은 20~25% 선에서 이익을 실현한다.
- 매수 가격의 7~8% 아래에서 손절매한다.
- 실적 발표 직전에는 절대 주식을 사지 않는다.

3배 상승한 주식은 더 상승할 수 있다

전문 투자자인 제리 새밋은 여러 해 투자하다가 캔 슬림 투자법을 알게 됐다. 1987년 시장이 폭락해서 많은 투자자들이 충격에 빠졌을 때, 한 친구가 그에게 『IBD』를 건네주었다. 이를 찬찬히 훑어본 그는 바로 윌리엄 오닐의 책을 사서 통독했다. 전문 투자자였던 그는 이 책 덕분에 전에는 미처 알지 못했던 사항들을 많이 깨닫게 되었다. 1991년 강세장이 시작되었을 때 그는 친구와 투자회사를 만들었고, 캔 슬림 투자법을 적용해 엄청난 이익을 내기 시작했다.

성장주 ECI 텔레커뮤니케이션ECI Telecommunications을 샀을 때 제리는 투자를 시작한 이래 처음으로 놀랄 만한 경험을 했다. 이 종목은 1991년 8월 그가 사기 전에 이미 3배나 상승한 상태였다. 그는 1992년 3월에 매도해 거의 200% 수익을 냈다. 캔 슬림 투자법을 알기 전이었다면, 이미 3배 상승한 주식을 사는 것은 미친 짓이라고 생각했을 것이다.

실전에서 얻은 교훈

1992년 제리는 매우 어려운 상황에 부닥쳤다. 그의 파트너가 심장마비로 죽은 탓에 무려 1000만 달러의 자금을 운용하는 책임을 홀로 떠안게 된 것이다. 제리는 회사 관리자 스타일이 전혀 아니었지만 근무 시간 내내 고객들을 안심시키고 질문에 답해줘야 했다. 당연히 트레이딩을 하는 것은 갈수록 어려워졌다. 게다가 심리적으로도 피 말리는 일이었다. 일부 고객은 환경이 나쁜데도 시장에 들어가기를 원했다. 1994년 제리는 자금 운용을 중단하고 모든 투자자들에게 자금을 돌려주기로 했다. 이 무렵 그는 트레이딩하는데 여러 번 성공해서 캔 슬림 투자법을 신뢰하게 되었다.

1999년 10월 제리는 큐로직Qlogic으로 150% 이익을 냈다. 더 벌수도 있었는데, 주가가 정점에 도달한 뒤 너무 늦게 팔았다. 당시 그는 정점에 대응하는 경험이 부족했다. 정점은 주가가 여러 달 상승한 다음 횡보하다가 1~2주 급등할 때 나타난다. 이는 대개 주가 상승의 마지막 단계이기도 하다.

제리가 큐로직을 산 것은 ECI 텔레커뮤니케이션에서 얻은 경험 덕분이었다. 그는 ECI 텔레커뮤니케이션의 경우와 마찬가지로 주가가 3배 상승한 다음 큐로직을 샀다. 이 거래로 그는 매우 값진 교훈을 얻었다. 상승 종목들은 비슷한 패턴과 흐름을 반복해서 나타낸다는 사실이다.

제리는 1999년 EMC 매매에서도 값진 교훈을 얻었다. 그는 EMC를 68달러에 샀으나, 변동성 때문에 61달러에 손절매하고 말았다. 그러나 이 주식은 계속 손잡이 컵 바닥을 형성했다. 그는 상승 종목은 흔히 또 다른 기회를 만들게 마련이라는 점을 고려하면서 주가의 흐름을 계속 지켜봤다. 11월 그는 바닥을 돌파하는 EMC를 75달러에 사서 이듬해 112달러에 팔아 49% 이익을 얻었다.

2003년 3월 그는 J2 글로벌 커뮤니케이션J2 Global Communication을 사서 10월 2 대 1 주식분할 후 팔아 198% 이익을 남겼다. 이렇듯 매매 경험을 쌓으면서 제리는 강세장 초기에 일찌감치 이익을 차지해야 한다는 점을 깨달았다. 선도주들이 급등해서 큰 이익이 발생하는 기간이기 때문이다.

감정의 덫에 빠지지 마라

그러던 중, 제리는 크게 한 방 얻어맞았다. 자신의 트레이딩 능력을 과신했던 것이다. 제리는 하락장에서 자금의 절반을 날려버렸다. 거액을 잃는 순간, 트레이더는 자기 불신과 환멸에 빠져 눈앞이 캄캄해지곤 한다. 이후 몇 년 동안 제리는『IBD』워크숍에 여러 번 참석하고, 워크숍 교재들을 다시 공부했다. 그가 파악한 첫 번째 커다란 실수는 더 빨리 손절매하지 않은 것이었다. 자신이 어떤 실수를 저질렀는지 되돌아보니 실적이 좋을 때의 도취감과 실적이 나쁠 때의 좌절감이 그의 매매를 망가뜨린 것 같았다. 그는 심리적 장애 전문가인 트레이딩 코치와 함께 연구하고 노력해서 트레이딩을 하면서 마음의 평정을 유지하는 법을 배웠다. 그는 실적이 정말 좋을 때가 가장 위험한 때라는 사실도 깨달았다. 이때 가장 자만에 빠지기 쉬우며, 그러면 시장이 비싼 대가를 요구하기 마련이다.

트레이딩 방식을 바꾼 이후 제리의 실적은 매우 좋아졌다. 그는 빙그레 웃으며 말했다. "매매가 잘 풀릴 때 내가 흥분하는 진짜 원인은 이것이 시장에 정점이 오고 있다는 신호이기 때문입니다."

이제는 실적이 좋으면 그는 조용히 이익을 실현한 다음 가족과 함께 휴가를 떠난다. 그는 매매가 성공하면 자신에게 약소한 방식으로나마 보상한다. 제리는 이런 방법으로 자신의 자만심을 통제할 수 있었다고 말했다.

그가 배운 또 하나의 중요한 교훈은, 상승장에서 아무리 많은 돈을 벌더라도 조정장에서 한 방에 반납할 수도 있다는 사실이다. 물론 이런 일이 벌어지면 엄청난 좌절을 겪게 된다. "조정장일 때는 시장 밖에 머물러 있기가 정말 어렵습니다. 물론 약세장에서도 급등주를 잡을 수 있습니다. 그런데 이런 맛에 시장에 들어가곤 하다 보면 조금씩 손실을 보게 됩니다. 손절매하더라도 이런 실수가 누적되면 얼마 안 가서 상당한 규모의 손실을 볼 수밖에 없습니다."

상승장에서 번 돈을 빼앗기지 않기 위해 그는 높은 수익을 내는 종목이 서너 개에 불과할 때는 주식을 사지 않는다. 대신 시장에 진정한 상승세가 나타나기를 진득하게 기다린다. 이는 바닥 패턴을 형성하면서 모양을 갖추는 종목이 10~15개 이상 되어야 한다는 뜻이다. "시장이 강한 모습을 보이지 않으면 들어가더라도 남는 것이 없습니다."

시장의 흐름을 읽어라

시장이 강한지 그저 그런 상태인지 판단하기 위해 제리는 이른바 '리더 지수'를 만들어냈다. 리더 지수는 15개 업종에서 뽑은 20~25개 종목으로 구성된다. 그는 새로운 추세가 나타나는 초기에 항상 이 작업을 한다. 새로운 추세가 시작될 때마다 강해 보이는 종목들을 찾아 리스트를 구성하는 것이다.

이들 중에는 이미 돌파가 발생한 종목이 많다. 장기간 상승한 종목은 매우 유망하다. 시장의 역사를 돌아보면 이런 종목들은 대개 더 상승하는 모습을 보이기 때문이다. 또한 신고가를 기록하는 종목들은 흔히 더 상승한다.

제리는 펀더멘털이 강하고, 이익과 매출이 많으며, 제품이나 서비스에 대한 수요가 많은 회사를 찾는다. 그는 리더 지수로 전체 시장의 흐름을 측정하며, 이를 매일 갱신한다. 그는 매일 리더 지수를 뽑아 여러 『IBD』 모임에 이메일로 보내준다. 제리는 리더 지수를 공유함으로써 시장의 실제 흐름을 제대로 받아들이게 되었다고 말했다. 그는 여러 모임에서 교육을 돕고 있는데, 사람들과 아이디어를 교환하는 것은 매우 즐거운 경험이라고 말했다.

마지막으로 그는 투자자로서 자신의 삶에 만족감을 표했다. "나는 하와이안 셔츠와 반바지 차림으로 출근할 수 있고, 출퇴근 시간도 내 마음대로 조절할 수 있으며, 원할 때 휴가를 쓰고, 가족과 오랜 시간을 보내는 호사를 누리며, 잔소리하는 상사도 없습니다. 내게 딱 맞는 직업이지요."

POINT
- 상승 종목들은 비슷한 패턴과 흐름을 반복한다.
- 처음에 실패한 종목도 계속 주목하라. 기회는 또 생기는 법이다.
- 강세장 초기에 일찌감치 이익을 차지한다. 선도주들이 급등해서 큰 이익이 발생하는 기간이기 때문이다.
- 실적이 좋을 때일수록 감정을 확실하게 통제한다.
- 매매가 성공하면 자신에게 약소한 방식으로나마 보상한다.
- 추세가 없는 시장에는 들어가지 않는다. 가랑비에 옷 젖는다.

큐로직(QLGC) 주봉 차트(1997~2000)

저장 네트워크 기반, 고성능 컴퓨팅, 융합 네트워크용
네트워크 인프라 제품 개발
제리 새밋

5주 동안 급락

주가 척도

2000년 정점

150% 이익

1999년 10월 매수

상대강도선

대규모 거래

거래량

220 190 170 150 140 130 120 110 100 90 80 70 60 50 46 42 38 34 30 28 26 24 22 19 17 15 13 12 11 10 9 8 7 6 4.8

10,000,000 7,500,000 5,000,000 2,500,000

95.6 95.9 95.12 96.3 96.6 96.9 96.12 97.3 97.6 97.9 97.12 98.3 98.6 98.9 98.12 99.3 99.6 99.9 99.12 00.3 00.6

대박의 저주에서 빠져나오는 법

마이크 힉스는 대학 경영학 교과 과정을 수학하면서 처음으로 주식에 흥미를 갖게 되었다. 그의 첫 직장은 회계법인이었는데, 회사 도서실에 주식 관련 서적이 몇 권 있었다. 이 책들을 꼼꼼히 훑어본 뒤 마이크는 주식 투자에 도전해보기로 마음먹었다.

초기, 투자 지식을 섭렵하고 자신만의 기준을 만들어라

저가주에 흥미를 느낀 마이크는 라마다 인Ramada Inn을 5달러 미만일 때 매수했다. 그는 이 종목에 투자해 총 13% 이익을 얻었는데, 첫 번째 시도로는 꽤 훌륭한 실적처럼 보였다. 그러나 이런 방식을 고수해서는 큰 성공을 거두기 어려울 거라는 사실을 곧 깨달았다.

투자에 본격적으로 뛰어들고 나자 하루에도 수없이 쏟아지는 온갖 정보 때문에 혼란스럽기만 했다. 어느 방법론을 따라야 할지 도저히 알 수 없었다. 마이크는 계속해서 저가주만 샀다. 가격이 많이 오른 주식은 위험해 보여서 살 자신이 없었다. 이익이 늘어날 리 없는 저품질 저가주만 계속 산 결과, 그는 투자 자금의 상당 부분을 잃고 말았다.

1989년 건축가인 친구가 『IBD』를 소개해주었다. 그는 몇 달 동안 이 신문을 자세히 읽어보았다. "정말로 놀라웠습니다. 내가 평생 찾아온 정보였습니다." 『IBD』를 읽으며 투자에 자신감을 갖게 된 그는 은퇴 후 투자를 업으로 삼겠다는 계획을 세웠다.

마이크는『IBD』를 계속 공부하며 투자 지식을 쌓았지만 자신의 회계법인을 경영하느라 정작 투자에 쏟을 시간은 부족했다. 간혹 이 주식 저 주식 사긴 했지만, 2002년까지는 본격적으로 투자하지 않았다. 다만, 강력한 매수세와 탁월한 펀더멘털을 겸비한 종목에 집중했다. 이런 종목이야말로 매출액과 이익이 시장 평균을 뛰어넘는 선도주로, 가파르게 상승하는 동안 여러 주에 걸쳐 다양한『IBD』특집 기사에 계속 등장했다(캔 슬림의 'L').

그러다가 그가 처음으로 성공을 거둔 종목이 가민Garmin이다. 캔 슬림 투자법에 따라 2002년 12월 이 종목을 매수했다. 손잡이 컵 바닥을 돌파할 때 사서 74% 이익을 실현했다.

가민의 성공에 고무된 마이크는 눈코 뜰 새 없이 바쁜 납세 기간이 지난 다음 캔 슬림 투자법을 집중적으로 공부하기로 마음먹었다. 그는 'Investors.com'에서 교육 자료를 잔뜩 출력해서 주말 내내 사무실에 앉아 공부했다. 자료를 통독하면서 그는 자신만의 통찰을 얻었다. 마이크는 흩어져 있던 조각들을 종합하면서, 펀더멘털이 뛰어난 동시에 차트 모양이 좋은 종목에 집중해야 한다는 것을 깨달았다. 다시 말해, 이익 증가율이 두 자릿수 이상이면서 대량 거래로 박스권을 돌파하는 종목이 그 대상이었다.

그는 윌리엄 오닐이 추천한 책도 모조리 읽었다. 니콜라스 다바스의『나는 주식 투자로 250만 불을 벌었다』, 제럴드 로브의『목숨을

걸고 투자하라 The Battle for Investment Survival』, 버나드 바루크의『나의 이
야기 My Own Story』, 에드윈 르페브르의『어느 주식 투자자의 회상』이
바로 그것이다.

대박 종목, 저주인가 축복인가?

2003년 5월 마이크는『IBD』의「더 뉴 아메리카」기사를 통해 전기
충격기 테이저를 알게 됐다. 그는 이 주식이 대박 종목이 될 거라고
전망했다(캔 슬림의 'N'). 이런 비치명적 무기를 개발하면 경찰이 용의
자를 더 쉽게 체포할 수 있을 거라고 생각한 것이다. 마이크는 2003
년 9월 테이저 Taser International를 사서 10월에 팔아 30일 만에 105% 이
익을 실현했다.

짜릿한 순간이었다. 마이크는 가민으로도 좋은 실적을 올렸고,
테이저로는 세 자릿수 이익을 얻었다. 그는 자신감이 넘쳤다. 그러
나 그가 매도한 이후에도 테이저가 계속 가파르게 상승하면서 200%
더 오르는 모습을 보면서 좌절하고 말았다. 그는 자신이 너무 성급
하게 팔았음을 깨달았다. 가슴이 쓰렸으나 실수를 인정할 수밖에 없
었다. 그는 곧 새로운 매수 포인트를 찾기 시작했다.

2009년 12월 차트에 높이 치솟은 깃발형이 잇달아 나타났다. 4~8
주 동안 100~200% 급등할 때 나타나는 패턴이다. 패턴에 따르면,
이어서 3~5주 횡보한 다음 다시 상승할 게 분명했다. 높이 치솟은
깃발형은 매우 드물게 나타나는 패턴으로, 최고의 대박 종목에만 나

타난다. 이 패턴이 형성된 다음에는 대개 대폭 상승하게 마련이다.

마이크는 테이저를 다시 매수했다. 피라미딩 방식으로 추가 매수했으므로, 포지션 규모가 상당했다. 그리고 어려운 일을 해냈다. 변동성 높은 주식을 계속 보유한 것이다. 주가가 매일 난폭하게 오르내리는데도 계속 보유하는 것은 결코 쉽지 않은 일이다. 이 과정에서 트레이더는 담력을 시험받게 되며, 무엇보다 원칙이 중요해진다. 진정한 선도주로 입증된 종목이라면 계속 보유해야 한다. 테이저는 매수 포인트 밑으로 한 번도 내려가지 않았으므로 마이크는 주가가 거칠게 오르내려도 계속 보유했다.

이어서 차트에 정점을 알리는 흐름이 나타났다. 주가가 엄청나게 상승한 것이다. 마이크는 위험한 시점이 가까이 왔음을 직감했다. 다양한 자료로 공부하면서 그는 어느 주식에나 정점이 오게 마련이라는 사실을 알고 있었다. 4월 19일 장 종료 후 테이저가 실적을 발표할 예정이었다. 법적 소송에 휘말렸다는 등 나쁜 소식이 서서히 불거지고 있었다. 과도한 주식분할도 경계해야 될 사항이었다. 이날 오후 마이크는 주식중개인에게 전화를 걸어 보유 주식을 전량 매도했다. 이후 테이저는 분석가들의 기대에 못 미치는 실적을 발표하며 주가가 29%나 폭락했다.

마이크는 정확한 시점에 매도한 덕분에 이전에 얻은 105%에 더해 294%나 이익을 챙겼다. 만감이 교차하는 순간이었다. 사무실 문을 닫고 의자에 앉는데, 눈물이 솟구쳤다. 그의 인생이 바뀐 시점이었다. 여섯 자릿수 이익을 얻은 그는 이제 회계법인을 매각하고 은퇴해서 전업투자자의 꿈을 이룰 수 있을 것만 같았다.

그러나 대박은 축복인 동시에 저주가 된다. 테이저로 성공을 거둔 후, 그는 대박 종목에 맛 들인 나머지 홈런만 노리는 투자자가 됐다. 문제는 테이저 같은 대박 종목이 아무 때나 나타나지 않는다는 사실이다. 다행스럽게도 그는 무리수를 두었다가 어렵게 번 이익을 반납하지 않고 대부분 20~25% 선에서 이익을 실현하는 것으로 방향을 수정했다.

그는 남들을 가르치면서 시장과 보조를 맞추고 실수를 줄이게 되었다. 그는 테이저로 105% 이익을 얻은 다음 2003년 10월 고향인 플로리다주 클리어워터에 『IBD』 모임을 만들었다. 마이크는 이것이 그가 주식 투자를 시작한 이래 가장 훌륭한 결정이라고 말했다. 이 모임에서 그는 시장에 열정을 가지고 있는, 자신과 비슷한 투자자들을 만났다. 그는 초보 투자자들을 도와주고 이들이 성공하는 모습을 지켜보는 데서 새로운 기쁨을 느끼고 있다고 덧붙였다.

POINT

- 펀더멘털이 강하면서 박스권을 대량 거래로 돌파하는 종목에 주목한다.
- 진정한 선도주라면 인내심을 발휘해 계속 보유한다.
- 항상 홈런만 노려서는 안 된다. 테이저 같은 대박 종목이 아무 때나 나오는 것은 아니다.
- 수요가 많은 특별한 제품을 찾는다.

가민(GRMN) 주봉 차트(2000~2003)

자동차, 선박, 항공기용 고정 GPS 시스템과
휴대용 GPS 시스템 제조
마이크 휘스

주가 척도

매물 출회 시 43.33달러에 매도

74% 이익

돌파 다음 날 24.89달러에 매수

상대강도선 신고점

상대강도선

돌파 주간의 거래량이
평균을 212% 초과

거래량

테이저(TASR) 주봉 차트(2001~2004)

벌 점행, 군사, 교정, 소비자 시장용
고급 전기 통제 장비 개발
마이크 힘슨

높이 치솟은 깃발형의 특징
1. 강세장일 때 1년에 한두 번만 나타나는 희귀 패턴
2. 대기업도 아니고 유명 기업도 아니며, 약간만 알려진 회사
3. 신제품 덕분에 4~8주 동안 100~120% 이상 급등하며,
   이후 3~5주 조정받으면서 겨우 10~25%만 하락

294% 이익

2004년 4월 매도

2004년 1월 3차 매수

2003년 10월 2차 매수

2003년 9월 1차 매수

높이 치솟은 깃발

높이 치솟은 깃발

상대강도선

주가 척도

거래량

187

'비밀 정보'가 아닌 원칙에 투자한다

에드 혼스타인은 뉴욕주 롱아일랜드의 중산층 가정에서 자랐다. 그는 어린 시절 내내 아버지가 '최신 비밀 정보'에 따라 주식을 사는 모습을 지켜봤다. 아버지는 주식을 살 때마다 10배쯤 이익을 올려 조만간 백만장자가 될 것처럼 말했다. 그러나 실제로는 주식중개인의 부추김에 넘어가 상당한 재산을 날려버렸다. 에드는 아버지의 모습을 지켜보면서 주식시장에 발을 들여놓을 생각조차 하지 않게 됐다.

아는 것만으로는 부족하다. 이론을 체화하라

법학대학원 학비로 10만 달러를 융자받은 에드가 계산해보니 이 대출금을 상환하려면 초봉이 여섯 자릿수인 법률 회사에 취직해야 했다. 법학대학원에 들어가보니, 지극히 총명하고 재능 넘치는 인재가 수없이 많았다. 자신보다 훨씬 똑똑한 사람이 많아서 좋은 학점을 받아 일류 법률 회사에 들어가려면 남들보다 열심히 공부해야 할 것 같았다. 그는 강의실과 도서관만 오가면서 한 학기를 보냈다. 이렇게 노력한 보람이 있었다. 에드는 첫해 반에서 거의 최고 성적을 받았고, 여름방학이 될 무렵 뉴욕의 일류 법률 회사에 채용됐다.

법학대학원에 재학할 당시 에드는 주식시장에 관심을 갖지 않았으므로 2000년 기술주 거품이 일고 붕괴되기까지 돈 벌 기회를 잡지 못했다. 그러나 졸업 후 돈을 벌기 시작하면서부터 번 돈의 일부를 투자하는 게 현명하겠다고 생각하게 됐다. 투자에 나서기 전 주식에 대해 알아둘 필요가 있었으므로, 그는 가치투자와 기타 전략에 관한 책을 몇 권 읽었다. 그러나 어느 책을 읽어도 어떤 식으로 투자해야 할지 알 수 없었다. 저가주를 샀다가 투자한 자금을 대부분 날리는 사람을 본 다음에는 투자가 더욱 어렵게만 느껴졌다.

몇 달 뒤 에드는 서점에서 윌리엄 오닐의 책『최고의 주식 최적의 타이밍』을 발견하곤 한번 쓱 훑어본 다음 샀다. 하지만 당시에는 이 책이 자신의 인생을 완전히 바꿔놓으리라고는 꿈에도 생각하지 못했다.

이 책에 제시된 핵심 원칙은 모두 일리가 있어 보였다. 뒤이어 읽은 오닐의『윌리엄 오닐의 성공 투자 법칙 The Successful Investor』에 그는 전적으로 공감했다. 몇 가지 간단한 매도 원칙만 지켰다면, 1990년 대 말 친구와 가족이 벌었던 이익의 상당 부분을 지킬 수 있었을 것이라는 강한 확신이 들었다.

2002년과 2003년 그는 오닐의『최고의 주식 최적의 타이밍』,『윌리엄 오닐의 성공 투자 법칙』,『윌리엄 오닐의 성장주 투자 기술 24 Essential Lessons for Investment Success』을 여러 번 읽으면서 자신의 확신을 더욱 굳히게 됐다. 이들 모두 투자자들에게 원칙과 지침을 마음 깊이 새겨주는 책이다.

2003년 새로운 강세장이 시작되자 에드는 트레이딩을 시작했다. 5만 달러로 투자를 시작한 그는 시장이 2004년 초 조정기에 접어들

때까지 자신의 투자 자금을 거의 30만 달러로 불려놓았다. 하지만 캔 슬림 투자법을 이해하는 것과 이를 실전에 적용하는 것은 전혀 다른 일이었다. 시장이 하락을 거듭하면서 조정이 끝날 때까지 시장에서 빠져나오지 않은 탓에 그는 벌었던 돈을 모두 날리고 말았다. 사후분석을 해보고 나서 그는 자신이 이미 공부했던 캔 슬림 매도 원칙을 따르지 않았다는 사실을 깨달았다.

이후 3년 동안 그는 캔 슬림 투자법의 모든 세부 내용을 숙지하고 효과적으로 적용하는 방법을 습득하는 데 몰두했다. 공부와 병행해서 그는 계속 투자하며 경험을 쌓았다. "트레이더가 저지를 수 있는 거의 모든 실수를 경험했습니다. 시장은 감정을 휘저어 원칙을 깨고, 과잉반응하며, 실수를 저지르도록 유도했습니다." 스승이 없었던 탓에 그는 시행착오를 겪어가며 모든 것을 스스로 깨달아갈 수밖에 없었다. 돈을 잃었을 때조차 그는 시장에 환멸을 느끼는 대신 차트를 보면서 자신의 실수를 분석했다. 그리고 똑같은 실수를 되풀이하지 않기 위해 실수를 끊임없이 검토했다.

확신이야말로 대박을 붙잡는 열쇠다

2005년 말, 에드는 처음으로 '대박'을 경험했다. 그는 구글의 초기 바닥 돌파를 두 번이나 놓쳤다. 그러나 2005년 10월 21일 바닥에서 갭 상승할 때, 그로서는 적지 않은 물량을 잡았다. 과거 선도주들의 돌파갭을 공부한 에드는 전문가들이 구글에 대해 고평가되었다고 말하는데도 승산이 높은 기회라고 판단했다. 주봉 차트를 보며 그는 물량이 매집되고 있다는 것을 감지했다. 수요가 이어지면서 주가가 상승하는 흐름을 보였다. 2006년 1월 20일, 그는 매도 원칙을 준수해서 막대한 이익을 실현했다. 대량 거래가 수반되면서 주가가 50일 이동평균선을 깨고 내려가면 매도한다는 원칙이었다.

에드의 설명이다. "대박 종목을 계속 보유하려면, 그 회사와 주식에 대해 모든 것을 알고 있어야 합니다. 제품의 특성, 시장에서의 지위, 매출이 증가하는 이유, 수요가 유지되는 요인 등을 알지 못하면 심리가 흔들려서 시장이 조금만 출렁여도 주식을 내던지기 쉽습니다. 확신이야말로 대박 종목을 계속 보유하게 해주는 열쇠입니다. '이 회사가 장래에 성공할 것으로 보는 이유는 무엇인가? 이 회사에 혁신적인 제품이나 서비스가 있는가?' 자신에게 계속 이런 질문을 던져야 합니다."

에드가 중시하는 또 하나의 요소는 유동성이다. 그는 기관투자가들이 매집하는 종목을 찾아내려 한다. 이들은 거래량이 적은 종목은 처다보지도 않기 때문이다(캔 슬림의 'I').

자신만의 원칙으로 자유롭게 열정을 추구하다

2006년 캔 슬림 투자법을 지킨 결과, 충분한 돈을 벌어들인 에드는 자신의 새로운 열정을 따르기로 했다. 그는 항상 자기 회사를 일구는 것을 꿈꿔왔다.

에드는 다른 사람의 투자금을 관리해준 적도 없고 펀드를 운용해 본 경험도 없지만, 자신의 열정에 따라 열심히 공부하고 캔 슬림 투자법의 원칙을 지키면 펀드매니저가 될 수 있을 거라고 믿었다.

2007년 말, 그는 처음 직장 생활을 시작한 법률 회사에 작별을 고하고 자산 운용 회사를 차렸다. 서서히 고객 기반을 쌓아 나가던 중 2008년 시장 붕괴를 겪어내야 했으나, 고객의 자금을 현금으로 보유하고 있었으므로 아무런 피해도 보지 않았다. 그는 선도주들의 폭락과 금융주들의 투매를 보고 시장이 붕괴되리라 직감했다. 이때 현금이 가장 안전한 자산임을 다시 한 번 절감했다.

2009년 3월 새로운 강세장이 시작됐다. 그해 그의 실적은 매우 좋아서 2010년 1월 헤지펀드를 설정할 수 있었다. 2010년에는 실적이 좋았으나, 2011년에는 고전을 면치 못했다. 자산 운용을 시작한 이후 처음으로 자신의 실력을 충분히 발휘하지 못했다. 한 해 동안의 실적을 모두 분석한 에드는 포트폴리오 집중이 문제라고 판단했다. 그는 변동이 심하고 어려운 시장에 맞는 새로운 운용 원칙을 찾아내기로 했다.

그는 '문턱 원칙'을 만들었다. 시장에 팔로스루 데이가 나타나면 일단 최대 20%까지만 투자하고, 이익이 2% 이상 발생한 다음에야 추가로 투자한다는 원칙이다. 변동성 높은 시장에서 과도하게 투자하고 싶은 유혹을 느낄 때, 이 원칙은 그를 보호해줬다. 2012년은 매매하기 쉬운 환경이었는데도, 20% 문턱 원칙을 준수한 덕분에 그는

2012년 9월까지 S&P500을 거의 두 자릿수나 앞지를 수 있었다.

그는 사후분석을 통해서 끊임없이 배우고, 이를 바탕으로 새로운 원칙을 만들려고 노력한다. 투자에 아무리 뛰어난 사람도 언젠가는 실적 부진을 겪게 마련이므로, 무엇보다 잘못을 바로잡는 일이 중요하다고 그는 강조했다. 그는 주가가 순조롭게 상승해서 투자하기 쉬웠던 해보다 어려웠던 2011년에 훨씬 많은 것을 배웠다고 덧붙였다. "자신이 저지른 실수에 겁먹지 말고, 그 실수를 바로잡을 수 있는 원칙을 세우십시오."

그는 학생이 공부하듯 부단히 시장을 연구하고 배운다. 그는 근처 쇼핑몰에 가서 사람들을 관찰하는 것을 즐긴다. 소비자들이 실제로 보여주는 움직임에서 대박 종목을 찾아내려는 것이다. 그가 전에 근무하던 법률 회사 근처에 치폴레 멕시칸 그릴이 생겼을 때 45분이나 기다릴 정도로 사람들이 길게 늘어서는 모습을 보고 이 회사 주식을 사서 근사한 이익을 올리기도 했다.

그는 9년 전 『최고의 주식 최적의 타이밍』을 읽지 않았다면, 지금까지도 하루의 대부분을 변호사로 근무하면서 불만스럽게 살아가고 있을 것이라고 말했다. 지금 그는 고객들이 자신을 믿고 맡긴 돈으로 헤지펀드를 운용하고 시장을 분석하고 매매하면서 하루하루 매 순간을 흥분과 열정 속에서 살아가고 있다. "나는 상상 이상으로 커다란 성취감을 느끼면서 세 살짜리 아들을 포함한 가족과 훨씬 많은 자유 시간을 즐기고 있습니다. 이 모든 가능성을 열어준 오닐에게 감사할 따름입니다."

다음은 에드가 투자한 주요 종목들이다.

구글: 2005년 25% 이익

VM웨어VMware: 2007년 80% 이익

드라이십스Dryships: 2007년 91% 이익

마이클 코어스: 2012년 80% 이익

링크드인: 2012년 100% 이익

프라이스라인: 2012년 50% 이익

애플: 2012년 28% 이익

POINT

- 대량 거래가 수반되면서 주가가 50일 이동평균선을 깨고 내려가면 매도한다.
- 관심 종목이 장래에 성공할 것으로 생각하는 이유를 자신에게 물어본다. 이 회사가 산업의 판도를 뒤집어놓을 만큼 놀라운 제품이나 서비스를 보유하고 있는가?
- 펀더멘털이 탁월한 선도주가 대량 거래를 일으키면서 갭상승하면 매수한다.
- 끊임없이 시장을 공부한다.

구글(Goog) 일봉 차트(2005~2006)

인터넷 검색, 인터넷 콘텐츠 서비스,
웹 기반 소프트웨어 애플리케이션 제공
애드 혼스타인

주가 척도

500

400

300

200

대량 거래되면서 50일
이동평균선이 깨질 때 매도

25% 이익

손잡이 컵 바닥을 갭 상승으로 돌파할 때 매수

상대강도선 신고점 기록

대량 거래

거래량

16,000,000
12,000,000
8,000,000
4,000,000

24	10	27	13	30	16	2	18	4	21	7	23	9	26	12	29	15	1	17	3	20	6	22	8	25	11	25
	2월		1월		12월		11월		10월		9월		8월		7월		6월		5월		4월		3월			

WINNING
SECRETS

09

시장과 함께 움직여라

|크리스 게젤|

심화 끊임없는 시장 연구

특정 분야에서 전문가의 경지에 오르는 것은 여정의 끝이 아니라 시작이다. 주식시장은 특히나 부단한 노력이 필요한 분야다. 살아 숨쉬듯 움직이고 변화하는 시장에 적응하기 위해서는 끊임없이 지식을 습득해야 하며, 계속 경험을 쌓아가며 약점을 보완해야 한다. 성공한 투자자들은 끝없는 공부로 실적 개선을 추구한다. 과거의 대박주들을 연구하고 자신의 과거 매매를 분석하면 장래의 대박주를 발굴해낼 확률이 높아진다.

매매일지와 사후분석, 매매 원칙을 정립하라

카트리나 퀸시는 플로리다에 살고 있는 중재 변호사다. 그녀는 자신의 매매 실적을 개선하기 위해 매매일지를 꼼꼼히 기록한다. 이 과정에서 시장과 선도주에 대해 자신이 어떤 생각을 했는지 돌아볼 수 있다. 주중 업무가 많아 건너뛰었을 때는 주말에라도 반드시 일지를 작성한다. 정기적으로 자신의 생각을 기록해두면, 나중에 자신이 시장과 트레이딩에 대해 어떤 생각을 가졌었는지 돌아볼 수 있기 때문이다.

카트리나는 사후분석 또한 폭넓고 꼼꼼하게 한다. 매매한 다음에는 항상 일봉 차트와 주봉 차트를 인쇄해서 주식을 사거나 판 이유와 이익, 매출, 자기자본이익률 등 해당 주식의 펀더멘털을 자세히 기록해둔다.

사후분석, 약점을 보완해 매매 원칙을 강화하라

사후분석의 목적은 자신의 약점을 보완하는 원칙을 수립하는 것이다. 사후분석을 통해 자신의 매매 특성과 성패 요인을 더 깊이 이해할 수 있다. 다음은 카트리나가 설명한 사후분석 지침이다.

1 주식을 사거나 팔 때마다 항상 일봉 차트와 주봉 차트를 인쇄한다.

2 1년에 한 번은 12개월 주가 차트로 자신의 실적을 분석한다.

3 수익률 최대 종목과 손실률 최대 종목을 분석한다.

4 개별 매매를 분석할 때, 다음 질문을 던진다.

   - 원칙을 하나라도 위반했는가?

   - 포지션을 정확하게 잡았는가?

   - 내가 산 종목 중 후일 선도주에 포함된 종목의 비율은?

   - 적절한 시점에 매수했는가?

   - 심리적 압박 때문에 매도했는가?

   - 너무 서둘러 판 탓에 큰 기회를 놓쳤는가?

   - 신용거래 비중이 높았는가? 추가 위험에 정확하게 대처했는가?

   - 명확한 매도 신호를 보지 못해 매도 시점을 놓쳤는가?

   - 매매할 때마다 개별 종목과 포트폴리오의 위험을 평가했는가?

   - 내가 매도한 종목의 이후 주가 흐름은 어떠했는가?

원칙이 너무 많으면 절차가 복잡해질 수밖에 없다. 가장 중요한 약점 한두 가지에 집중하라. 분석의 목적은 원칙을 수립하는 데 있다는 점을 명심하라. 분석을 통해 자신에게 맞는 원칙을 수립하라. 원칙을 글로 적어두고 틈나는 대로 들여다보라.

사후검증, 매매 기법을 다져라

리 태너는 매매가 완료되고 나면 시뮬레이션을 통해 자신의 매매에 개선될 여지가 있는지 확인한다. 2004년 『IBD』 레벨 4 워크숍에서 이 기법을 배웠다. 리는 "사후검증의 장점은 비슷한 시장 환경에서 심리에 휘둘리지 않고 매매를 연습할 수 있다는 것입니다"라고 설명했다.

그가 분석하는 방식은 다음과 같다.

1 새로운 강세장이 시작되기 직전 시점으로 날짜를 돌려놓고 나서 아래 사항을 이용해 최대한 객관적이면서도 현실적으로 가상 관심 종목을 구성한다.
   - 당시에 선정한 관심 종목과 저장해놓은 『IBD』 기사
   - 「IBD 50」, 「대형주 20 Big Cap 20」, 「85-85지수」 등 당시의 시장 상황을 알려주는 「eIBD」 특집 기사들
   - 당시 「리더 보드」에 언급된 종목들
2 시장, 가상 관심 종목, 차트를 면밀하게 분석하면서 대박 종목을 탐색한다. 이는 현재 시점에서 과거 차트를 돌아보는 방식이 아니라, 과거로 돌아가 당시 관점에서 분석하는 시뮬레이션이라는 점에서 매우 유용하다.

리는 평소에 실제로 매매하듯 가상 관심 종목을 매매하면서 주간 단위로 다음 사항들을 기록한다.

- 매입해서 포트폴리오에 편입한 종목
- 당시 시장의 방향과 디스트리뷰션 데이 출현 횟수
- 매매 명세와 그 이유
- 매매 종목의 손익

이어지는 분석 과정은 다음과 같다.

3 시뮬레이션 매매 실적을 자신의 과거 실제 매매와 비교해 개선할 사항을 분석한다.

과거 차트를 분석해 대박 종목을 찾아내라

톰 엘리스는 윌리엄 오닐의 『최고의 주식 최적의 타이밍』을 대여섯 번이나 꼼꼼히 읽었다. 그는 책 앞부분에 실린 차트 100개를 스캔해서 스프레드시트에 붙인 다음, 책에 나오는 (손잡이 컵 등) 다양한 바닥 패턴 차트를 스캔해서 합쳤다. 이런 방식으로 그는 각각의 패턴을 자세히 분석했다.

그는 오닐이 쓴 소책자『대박 종목 발굴법 How to Recognize Great Performing Stocks』을 읽으면서 차트 분석의 중요성을 깨달았다. 오닐은 말했다. "어떤 주식의 흐름이 적절한지, 그 주식이 매집 국면에 접어들었는지 알려면 일간, 주간, 월간 주가 및 거래량 차트를 읽고 해석할 줄 알아야 합니다. 차트는 주식의 실제 수요와 공급, 매수에 가장 적합한 시점, 매도해야 할 시점까지 알려줍니다. 차트를 잘 분석해서 이익과 매출이 탁월한 종목이 바닥 패턴을 돌파하는 흐름을 파악할 수 있으면, 대박 종목을 발굴하는 데 매우 유리합니다."

톰은 1898년 테네시 콜 Tennessee Coal & Iron 이든, 2004년 애플이든 대박 종목의 차트 패턴은 예나 지금이나 비슷하다고 강조했다. 그는 대박 종목들의 차트를 분석하기 위해 관련 파일을 매일 저장해둔다. 신문도 매일 보관하므로, 해당 종목의 펀더멘털을 언제든 찾아볼 수 있다.

POINT

- 시장과 보유 종목에 대한 생각을 정리해서 매일 또는 매주 일지를 작성한다.
- 모든 매매를 사후분석한다.
- 사후검증을 통해 자신의 매매에 개선할 여지가 있는지 확인한다.
- 대박 종목들의 과거 차트 패턴을 분석해 향후 대박 종목을 발굴하는 데 이용한다.

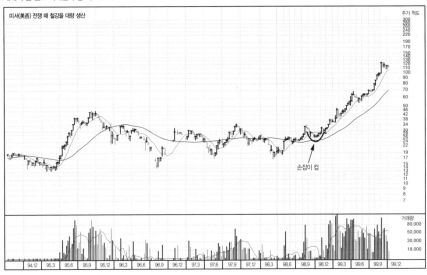

미서(美西) 전쟁 때 철강을 대량 생산

주가 척도

손잡이 컵

거래량

애플(AAPL) 주봉 차트(2001~2006)

스마트폰, PC, 휴대용 디지털 음악 플레이어 제조업체

주가 척도

손잡이 컵

거래량

WINNING
SECRETS

10

절제력을 유지하고 자만심을 억제하라.
원칙을 어기면 막대한 돈을 잃기 마련이다.

| 찰스 해리스 |

프로처럼 매매하라

원숙

어떤 분야에서든 최고의 경지에 이르기 위해서는 인내와 불굴의 정신을 가져야만 한다. 최고의 트레이더들은 노력, 자제, 규칙적인 일과, 감정 억제 등의 방법을 동원해서 트레이딩 기법을 연마한다. 이 시련의 여정은 결코 쉽지 않지만, 실행하려는 의지만 있으면 누구나 수행해낼 수 있다.

시장은 '새로움'에 목마르다

1985년 투자를 시작할 때 케빈 마더는 매우 단순한 전략을 사용했다. 그는 다우존스산업평균 종목 중 이익 증가율이 연 20% 이상인 종목을 매입했다. '블랙 먼데이Black Monday'란 말이 만들어질 정도로 전 세계 주식시장이 대폭락한 1987년 10월 19일 아침, 그는 TV를 켰다. 다우지수가 500포인트 내려가면서 20% 넘게 폭락했다. 전 세계 시장이 붕괴되고 있었다. 시장에서 투매가 일어나자 위험 회피 성향을 가진 케빈은 보유 물량을 팔아치우기 시작했다. 시장의 상황을 전혀 파악하지 못했던 것이다. 그는 마지막으로 남은 단기 포지션도 즉시 처분했다. 석유 및 가스 회사인 로열 더치Royal Dutch였다. 다른 투자자들보다는 운이 좋았지만, 그 역시 큰 충격을 받았다. 수많은 트레이더에게 매우 치명적인 날이었다. 많은 월스트리트 회사들이 타격을 입었으며, 일부는 파산하고 말았다.

시장이 무너지는 것을 지켜보는 경험을 한 다음, 케빈은 시점 선택 기법의 필요성을 절감했다. 강세장이었던 1980년대에는 그의 전략이 효과적이었다. 그러나 지금은 상황이 바뀌었다. 1990년 그는 우연히 윌리엄 오닐의 『IBD』를 접하고 『최고의 주식 최적의 타이밍』을 알게 됐다. 그는 바로 이 책을 사서 읽으면서 시장의 역사적 흐름을 이해하기 시작했다. 이 일은 그에게 분기점이 되어주었다. 책을 반 정도 읽었을 무렵, 누군가 그의 머릿속을 밝혀주는 것만 같았다.

그는 책을 덮고 거실을 서성거리면서, 지금까지 읽은 내용을 바탕으로 자신의 트레이딩 방법을 어떻게 바꿀 것인지 궁리하기 시작했다.

상대강도선, 지수를 뛰어넘는 대박 종목을 찾아라

케빈은 『IBD』 고급 워크숍에 여러 번 참석하면서 캔 슬림 투자법이 자신의 적성에 잘 맞는다고 느꼈다. 특히 새로움을 뜻하는 'N'에 관심이 끌렸다. 그는 자동차, 패션, 음악 스타일, 회사 등 어느 분야에서든 새로운 것에 호기심을 느꼈다. 성장주 분야에 초점을 맞추면 첨단 분야 기업들의 성장 과정을 직접 지켜볼 수 있다. 게다가 이 분야 회사들은 내놓는 제품마다 고객들의 열광을 이끌어내며 주가가 크게 상승하는 모습을 보이기도 한다.

그는 『IBD』에서 제공하는 「데일리 그래프」 차트 서비스를 면밀히 분석하기 시작했다. 케빈은 토요일 아침마다 인쇄소까지 차를 몰고 가서 직접 자료를 받아왔다. 그는 "차트를 조금이라도 더 일찍 받아보려고 토요일 아침마다 인쇄소 앞에 골수 주식광狂들이 몰려들었습니다"라고 당시의 기억을 떠올렸다.

케빈이 주목한 가장 중요한 기술적 지표는 상대강도선이다. 그는 선의 기울기를 중시한다. 선이 우상향하면서 신고가를 기록하면, 이 종목의 수익률이 S&P500보다 높다는 뜻이다. 반대로 선이 우하향하면서 신저가를 기록하면, 이 종목의 수익률이 주요 지수보다 낮다는 의미다. 그는 주요 지수를 뛰어넘는 대박 종목을 찾기 위해 차트를 볼 때마다 항상 상대강도선을 주목한다.

1991년 초, 케빈은 새로운 강세장이 시작되었음을 알아챘다. 이 무렵 그는 캔 슬림 투자법을 문제 없이 구사할 수 있었다. 사람들이 첨단 소프트웨어를 대량 사들이자 마이크로소프트 같은 회사들의 주가가 급등했다. 홈디포는 주택 개보수용품을 싼 가격에 판매하는 혁신적인 체인점을 선보여 주가가 맹렬하게 치솟았다. 시스코 시스템 즈는 개별 컴퓨터를 연결하는 기술을 개발해 막대한 이익을 벌어들였다. 이들 기업은 모두 새로운 시장을 만들어냈다(캔 슬림의 'N').

1993년 봄, 케빈은 커다란 교훈을 얻었다. 그는 마이크로소프트를 바닥에서 샀으나, 돌파가 발생하지 않고 주가가 10% 하락했다. 하지만 그는 팔지 않았다. 주가는 더 하락해서 매수 원가에서 15% 나 내려갔다. 그는 마이크로소프트는 정말로 훌륭한 회사이므로 곧 주가가 회복되리라 생각하면서 계속 보유했다. 그러다가 마침내 20% 하락한 다음 팔았다. 그리고 난 뒤에야 이것이 캔 슬림 투자법의 매도 원칙을 위반한 행동임을 깨달았다. 이후 그는 포지션을 청산할 때는 기술적 분석만을 적용한다. 아주 드물게 갭 하락이 발생할 때를 제외하고는 7~8% 손절매 원칙을 철저히 준수한다.

그는 손실이 발생한 주식을 계속 보유하면 두 가지 문제가 발생한다는 점을 깨달았다. 첫째, 소규모 손실이 계속 누적되어 커다란 손실을 볼 수 있다. 둘째, 새로운 강세장이 시작될 때 상승 주식에 투자할 돈이 손실 주식에 계속 묶여 있게 된다.

시장은 내가 누구인지 알지 못한다

1995년 케빈은 인터넷의 등장으로 투자자들이 호가와 정보를 얻는 방식이 틀림없이 바뀔 것으로 예상했지만, 모든 상황이 매우 생소했다. 인터넷은 이제 막 시작된 단계였다. 그는 먼저 채권 시장에 대한 논평을 인터넷에 올렸지만, 그의 마음은 주식시장에 가 있었다. 케빈은 자신이 습득한 모든 투자 지식을 사람들과 나누고 싶었다.

1996년 초 그는 'DBC 온라인DBC Online'을 공동 설립했다. 이는 개인투자자들에게 호가와 시장 정보를 제공하는 최초의 웹사이트였다. 초기에는 웹사이트 홈페이지에 케빈의 장중場中 시장 속보를 싣기도 했다. 1997년 CBS가 DBC 온라인의 지분 절반을 인수하고 회사 이름을 CBS마켓워치로 변경했다. 그리고 1999년 1월 이 회사 주식이 상장됐다. 신주 공모 가격은 18달러였으나, 개장 가격은 80달러였다. 첫날 장중 최고가 150달러를 기록했다. 개장일 주가 기준으로는 기업공개 역사상 두 번째로 높은 상승률이었다. CBS마켓워치는 온라인 뉴스와 시장 데이터로 널리 알려지면서 이제 전 세계 70개 국에서 찾아오는 방문객 수가 매일 100만 명이 넘는 유력 투자 사이트로 성장했다.

케빈은 시장에 대해 논평하기 위해 일류 트레이더들과 인터뷰를 진행했다. 그는 주로 오닐의 기법을 적용하는 트레이더들을 인터뷰했는데, 그가 선호한 트레이더는 윌리엄 오닐, 데이비드 라이언, 그레그 쿤, 시드 모세 등이다. 케빈은 오닐의 기법으로 시장을 설명하는 글을 써서 사람들을 깨우쳐주었다. 그의 실시간 논평은 USA투데이닷컴 USAToday.com, AOL, 야후 등을 통해 세계 전역으로 퍼져 나갔다. 그는 짜릿한 흥분을 느꼈다. 그가 『최고의 주식 최적의 타이밍』에서 배운 내용이 시장 논평의 바탕이 되었음은 물론이다.

그는 일류 트레이더들과 인터뷰하면서 많은 것을 배웠다. "일류 트레이더들은 자신의 의견은 접어두고 시장의 메시지에 귀를 기울입니다. 실제로 자만심을 억제하는 것은 트레이딩에서 가장 중요한 요소 중 하나입니다. 그러나 의사, 변호사, 프로 스포츠 선수처럼 한 분야에서 성공한 사람들은 자만심을 억제하기가 매우 어렵습니다. 이들은 흔히 트레이딩에서도 자신이 성공할 것으로 믿습니다. 그러나 오닐이 자주 말했듯, 시장은 내가 누구인지도 모르고, 내가 얼마나 똑똑한지도 모르며, 내가 얼마나 좋은 학교를 나왔는지도 모릅니다. 전혀 관심이 없습니다. 크게 성공한 변호사가 시장을 평정하겠다는 생각으로 트레이딩에 발을 들여놓기도 하지만, 대개 이런 사람이 먼저 평정되고 맙니다."

항상 다음 기회에 대비하라

케빈이 오닐과 여러 차례 인터뷰하면서 얻은 가장 큰 교훈은 전체 시장의 추세가 절대적으로 중요하다는 것이라고 말했다. "경제나 시장이 아무리 암울해 보여도 매일 지수와 선도주들을 분석해야 한다는 것을 오닐에게 배웠습니다. 새로운 강세장은 상황이 최악이고 투자자들의 심리가 매우 비관적일 때 시작되기 때문입니다. 새로운 강세장 국면에서 초기 돌파는 대개 성장주에서 발생하며, 이들은 진정한 선도주가 되어 상승세를 이끌어갑니다. 그리고 새로운 강세장의 수혜를 온전히 누리려면 반드시 초기에 들어가야 합니다. 일단 새로운 선도주에서 돌파가 발생하면, 대폭 상승한 다음에야 바닥을 형성하기 때문입니다. 따라서 초기 돌파를 놓치면 주가가 최근 바닥보다 훨씬 상승한 뒤에야 잡게 됩니다. 그러나 이때는 정상적인 조정이 진행되더라도 받쳐줄 지지선이 없어서 위험합니다.

나는 1990년 7~10월 약세장 때 이 교훈을 얻었습니다. 매일 시장을 분석해야 하는데도 몇 달 동안 차트를 한 번도 보지 않았습니다. 1991년 1월 중반에 시장이 급등하면서 상황이 명확해진 다음에야 3개월 전에 새로운 강세장이 시작되었다는 사실을 깨달았습니다. 잠들면 진다는 격언대로였습니다."

시장의 정점을 파악하는 것은 새로운 강세장을 감지하는 것만큼이나 중요하다. 케빈의 설명이다. "내가 처음 세 자릿수 수익률을 기록한 게 2000년 2월입니다. 당시 15~17개 종목을 보유하고 있었는데, 거의 모두 주가가 폭발적으로 상승한 기술주였습니다. 바로 이 시기가 지난 70년 중 최대 강세장이 정점을 기록한 시점이었지만, 당시에는 아무도 이 사실을 알지 못했습니다. 2000년 3월 초, 기관들이 내가 보유한 종목들을 처분하는 모습을 보이더군요. 주가 차트를 보니 선도주들에서 대량 매물이 출회되면서 디스트리뷰션 데이가 나타났습니다. 나는 즉시 대응해서 3월 14일 주식을 100% 현금화했습니다. 정점을 기록한 2000년 3월 10일에서 2영업일 지난 때였지요. 하루 뒤인 3월 15일 나는 주요 웹사이트에 게재되는 내 칼럼에 이에 대한 이야기를 실었습니다."

4대 회계법인인 어니스트 앤 영Ernst & Young LLP의 감사 보고서에 의하면, 케빈의 장기 수익률은 (운용 보수와 성과 보수를 차감하고도) S&P500 수익률의 10배나 된다. 그는 "트레이더 생활을 시작했을 무렵, 오닐에게 배운 내용이 이후 나의 트레이딩에 계속 커다란 영향을 미쳤습니다. 내 트레이딩에 가장 큰 영향을 준 이는 단연코 오닐입니다"라고 말했다. 이 말 뒤 이어진 침묵에서 오닐에 대한 깊은 감사와 존경을 느낄 수 있었다.

POINT

- 상대강도선을 확인한다. 선이 우상향하면서 신고가를 기록하면 이 종목의 수익률이 S&P500보다 높다는 뜻이다. 진정한 선도주의 수익률은 주요 지수들을 훨씬 능가한다.
- 주식을 팔 때는 기술적 분석에만 의지한다.
- 매수 원가의 7~8% 선에서 반드시 손절매한다.
- 손실 종목을 팔아 그 돈으로 상승 종목을 산다.
- 일류 트레이더들의 인터뷰 기사를 읽는다.
- 자신의 의견은 접어두고 시장의 메시지에 귀 기울인다.
- 경제나 시장이 아무리 암울해 보여도 매일 주요 지수와 선도주들을 분석한다.

홈디포(HD) 주봉 차트(1988~1992)

건축자재, 주택 개보수용품 매장 2252개 운영
케빈 마더

S&P500 주가 척도

100
90
80
70

60

50
46
42
38
34

상대강도선
30
28
26
24
22

19
17
15
14
13
12
11
10

9

8

7

6

5
4.6
4.2
3.8
3.4

3.0
2.8
2.6
2.4
2.2

52주 동안 156% 이익

50일 이동평균선을 타고
계속 상승

돌파 기간에 상대강도선이
신고점 기록

고전적인 손잡이 컵 바닥에서 돌파 발생

거래량
10,000,000
7,500,000
5,000,000
2,500,000

급증하는 거래량이 기관 매수세 증명

88.3 88.6 88.9 88.12 89.3 89.6 89.9 89.12 90.3 90.6 90.9 90.12 91.3 91.6 91.9 91.12 92.3 92.6 92.9 92.12

217

시장에 나서기 전, 공부하고 노력하라

대학을 졸업한 후 키어 맥도너의 첫 번째 직장은 대형 증권 회사였다. 그는 주식중개인으로 훈련 받았지만, 주식에 대해서는 그다지 많이 배우지 못했다. "회사에서는 판매 기법을 가르쳐준 다음, 회사 분석가들의 추천을 따르기만 하면 된다고 지시했습니다." 키어의 설명이다.

1990년 그는 다른 회사에서 온 중개인을 알게 되었는데, 종목 선정 솜씨가 뛰어난 사람이었다. 키어가 어떤 방식으로 종목을 발굴했는지 물어보자 그는 『IBD』를 건네주면서 윌리엄 오닐의 책 『최고의 주식 최적의 타이밍』을 읽어보라고 권유했다.

나의 성공 투자 원칙은 무엇인가?

그는 이 책을 읽으면서 성공 투자의 원리를 이해할 수 있었다. 이 책을 읽기 전, 그가 사용하던 투자 전략에는 문제가 있었다. 그는 시장이 하락세일 때 주식을 샀고, 손절매를 실행하지 않았으며, 선도주를 구분하는 방법을 전혀 몰랐다. 그는 시장과 선도주를 따라가는 견실한 틀을 발견했다는 기쁨에 이 책을 몇 번이나 거듭 읽었다.

키어는 1992년 『IBD』 워크숍에 참석해 교육을 받기 시작했다. 그는 자신이 배우고 익힌 전략을 바탕으로 개인적으로나 직업적으로나 성공을 거두기 시작했다. 이후 그는 보다 규모가 작은 전문 회사로 옮겨 분산투자팀 관리자가 되었다. 이 회사가 신경제新經濟에 집중한다는 점이 특히 마음에 들었다. 이 회사는 기술과 소비자에 초점을 맞춘 혁신 기업들에 주목했는데, 다행히 캔 슬림 속성을 갖춘 신생 기업들이 많았다.

혁신을 보여주는 신생 기업에 주목하라

1995년 키어는 센테니얼 테크놀로지Centennial Technologies라는 매사추세츠주 회사 주식을 샀다. 저장 용량을 늘려주는 PC 컴퓨터카드 제조 회사였다. 3월 분기에 매출이 62% 증가하면서 이익이 262%나 치솟았다. 이 놀라운 실적 덕분에 이 종목은 바닥을 돌파하면서 17%나 급등했고, 거래량도 평균보다 838%나 많아졌다(캔 슬림의 'C'). 그는 센테니얼로 기관의 자금이 대규모 유입되는 것을 감지하고, 피라미딩 방식으로 포지션을 늘려 나갔다.

센테니얼은 1996년 뉴욕증권거래소 실적 1위 종목이 됐다. 그는 1996년 12월 말 정점에서 이 종목을 팔았다. 센테니얼은 5주 동안 65% 상승한 다음, 200일 이동평균선 위로 170%나 상승했다. 과도한 수준이었다. 그는 센테니얼에 21개월 동안 투자해서 475% 이익을 거뒀다. 자신의 계좌와 고객의 계좌 모두에 센테니얼을 대량 보유하고 있었던 터라 키어는 지극히 만족스러웠다. "이 종목으로 회사와 나는 함께 큰 이익을 얻었습니다. 캔 슬림 투자법의 효과가 입증된 것이지요."

약세장에서 살아남는 법, 배우고 노력하고 섭렵하라

2000~2003년 약세장을 겪으면서 키어는 이제부터 트레이딩하는 게 1990년대처럼 쉽지 않을 거라는 생각이 들었다. 그는 『IBD』 레벨 3과 레벨 4 워크숍에 참석해서 더욱 많은 지식을 습득해야겠다고 결심했다. 그는 워크숍에 열심히 참석하는 것은 물론 강좌 녹음을 거듭 듣고, 다른 트레이더들도 만났다. 다른 사람들과 교환하는 시장에 대한 아이디어는 매우 유용해서, 그는 이후에도 계속 여러 사람과 만나고 있다.

2005년 『IBD』는 보스턴 지역에서 전국 순회 강사를 모집했다. 키어는 좋은 경험이 되리라는 생각에 강사 오디션에 참여했다. 그는 『IBD』 교육부에서 오디션 기준에 관한 파워포인트 프레젠테이션을 받았다. 첫인상을 남길 수 있는 기회는 단 한 번뿐이므로, 그는 2개월에 걸쳐 자신이 보여줄 내용을 작성하고 연습했다. 마침내 캘리포니아로 날아가 『IBD』 강사 승인위원회 앞에 섰다. 열심히 노력한 보람이 있었다. 그는 만장일치로 승인을 받아 전국을 순회하면서 『IBD』 워크숍에서 사람들을 가르치기 시작했다. "워크숍 강의를 준비하는 것은 전지훈련 같아서 매번 원칙과 기본을 점검해야 합니다. 덕분에 좋은 습관들이 깊이 뿌리내려서 제2의 천성이 되었습니다." 그는 30개가 넘는 워크숍에서 강의했는데, 투자자들을 돕는 일을 진정 즐기고 있다고 말했다.

센테니얼 테크놀로지(CTN) 주봉 차트(1994~1997)

PC 카드 기반 솔루션의 설계, 제조, 마케팅
키아 맥도너

5주 동안 65% 상승

47.5% 이익

순정이 컵 돌파 시 다시 매수

바닥 패턴을 강하게 돌파할 때 매수

대량 거래되면서 10주 이동평균선 밑으로 급락할 때 매도

상대강도선

상대강도선 신고점

대량 거래

대량 거래

평균 거래량 초과

거래량

주가 척도

221

과거 대박 종목이 현재 대박 종목을 찾아준다

2006년 10월 키어가 발굴한 크록스라는 신발 회사는 매출이 13분기 연속 무려 세 자릿수 증가했다. 마지막 두 분기에는 매출이 232%와 309% 증가했고, 주당 이익은 330%와 120% 증가했다(캔 슬림의 'C').

이렇게 놀라운 매출과 이익 실적은 기관투자가들의 시선을 사로잡기 마련이다. 키어는 기관들의 매수 움직임을 조사해봤다. 전 분기에 겨우 468주를 보유했던 거물급 헤지펀드 매니저 제프 비닉은 무려 180만 주를 보유하고 있었다. 일류 헤지펀드 매니저가 보유 물량을 늘린다는 사실은 크록스의 급등 가능성을 알려주는 강력한 신호였다(캔 슬림의 'I').

그는 공모가 수준에서 주식을 샀고, 주가가 상승하는 동안 추가 매수했다. 10월 31일 크록스가 실적을 발표하던 날, 그가 거둔 평가 이익은 378%였다. 그러나 회사가 발표한 다음 분기 예상 실적이 기대에 크게 못 미치자, 시간 외 거래에서 투매가 일어났다. 주가가 폭락하는 모습을 본 그는 즉시 시간 외 거래로 포지션을 모두 청산해서 362%의 이익을 확보했다.

과거 대박 종목에 대한 연구와 크록스에서 얻은 경험을 바탕으로 그는 새로운 유행을 타면 신발 주에서도 대박이 터질 수 있음을 깨달았다. 그가 분석한 사례는 리복, LA 기어, 어그부츠를 개발한 데커즈 아웃도어Decker's Outdoor가 있다.

크룩스(CROX) 주봉 차트(2006~2008)

크로슬라이트(croslite)라는 독점 수지 재료로 신발 제조
키어 맥도너

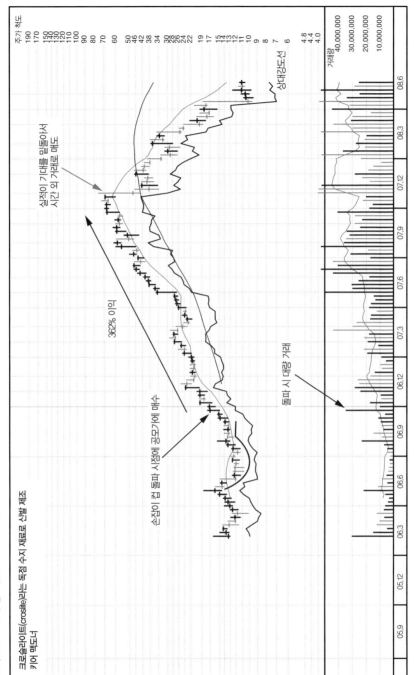

주가 척도
190
170
150
140
130
120
110
100
90
80
70
60
50
46
42
38
34
30
28
26
24
22
19
17
15
13
12
11
10
9
8
7
6

4.8
4.4
4.0

실적이 기대를 밑돌아서
시간 외 거래로 매도

상대강도선

362% 이익

순잡이 컵 돌파 시점에 공모가에 매수

돌파 시 대량 거래

거래량
40,000,000
30,000,000
20,000,000
10,000,000

05.9   05.12   06.3   06.6   06.9   06.12   07.3   07.6   07.9   07.12   08.3   08.6

대박 종목, 인내심과 절제력을 가져라

2007년 3월 키어는 태양광 집열판 제조업체 퍼스트 솔라 주식을 매입했다. 당시 대체 에너지원에 대한 수요가 급증하면서, 이 주식은 강하게 상승하는 모습을 보였다(캔 슬림 'N'). 그는 주가가 10주 이동평균선을 돌파할 때 샀지만, 대량 매매되면서 이 선을 하향 돌파하자 팔아버렸다. 주 후반에 실적이 발표될 예정이었으나, 키어는 평가이익이 충분치 않을 때는 실적 발표일까지 보유하지 않는다는 원칙을 가지고 있었다. 이후 주가가 2배로 뛰었지만, 적절한 진입 기회를 찾을 수 없었다. 그는 다음 바닥권이 형성될 때까지 참고 기다렸다가 다시 매수에 나섰다. 그리고 대량 거래가 일어나면서 10주 이동평균선 밑으로 다시 떨어질 때 팔아서 88% 이익을 실현했다.

2008년 키어는 헤지펀드를 설정했으나, 약세장이어서 거의 모두 현금으로 보유해서 시장을 크게 뛰어넘는 실적을 기록했다. 그해 나스닥은 40% 하락했지만, 그의 펀드는 5% 미만 손실을 내는 데 그쳤다. 캔 슬림 투자법에 따라 약세장에서 안전하게 현금을 보유한 덕분이었다.

키어가 새 펀드를 운용하는 원칙은 『IBD』에서 가르치면서 터득한 내용과 매우 비슷하다. 하향식 기법으로 전체 시장의 강도를 평가한 다음, 제품이나 서비스가 산업을 선도하는 역동적인 기업들을 찾아낸다. 이어서 매출과 이익 실적이 탁월한 기업을 골라낸 다음, 차트를 분석해서 선도주를 찾는다. 목표는 대박 종목이 될 상위 1~2% 종목을 발굴하는 것이다.

피스트 솔라(FSLR) 주봉 차트(2006~2009)

그의 펀드는 한번에 최대 15개 종목까지 보유하며, 이익이 발생할 때만 해당 종목의 비중을 늘린다. 신용거래는 주식 비중이 100%면서 상당한 이익이 발생했을 때만 한다. 한 종목의 최대 보유 비중은 30%다.

대부분의 종목은 20~25%에서 이익을 실현한다. 단, 진정한 선도주라면 추가 상승을 기대하면서 계속 보유할 수 있다. 또한 8% 손절매 원칙을 철저히 준수해 위험을 관리한다. 약세장에서는 현금 비중을 100%까지 늘리면 손실을 방지할 수 있다. 오닐이 세운 이 원칙은 1960년 이후 세월의 시험을 견뎌내고 있다.

2009년에는 바닥에서 물량을 확보하지 못한 탓에 실적이 부진했다. 시장이 심하게 요동쳤으므로, 대부분의 트레이더가 신중한 자세를 견지했다. 대부분의 패턴이 심하게 손상되어서 적절한 바닥 패턴을 찾기 어려웠다. 2010년 키어는 시장과 함께 움직이는 선도주들을 쉽게 찾을 수 있었다. 그는 프라이스라인, 애플, 치폴레 멕시칸 그릴 같은 종목으로 근사한 실적을 올렸다.

키어는 자신이 제대로 이해하는 소비 관련 주식이면서, 일평균 거래량이 70만 주 이상(일평균 거래 대금 7000만 달러)인 종목을 찾는다. 거래 시간 중 그는 다양한 기준으로 전체 시장의 흐름을 주시한다. 과거 대박 종목들도 광범위하게 분석한다. 과거 대박 종목에서 나타난 패턴이 미래에도 계속 되풀이될 것을 알기 때문이다. "오닐이 늘 말했듯, 과거 대박 종목에 대해 많이 알수록 현재 떠오르는 대박 종목을 발굴할 가능성이 커집니다."

저녁에는 인터넷판 『IBD』인 「eIBD」를 읽는다. "이 신문들은 전체가 자료의 원천입니다. 오랜 세월에 걸쳐 발전과 개선을 거듭해왔지요." 그는 하루도 빠짐없이 「주식 스포트라이트」 기사를 스프레드시트에 정리한다. 이 기사의 목록에 오른 종목 중에서 대박 종목이 많이 나왔기 때문이다.

그는 「더 뉴 아메리카」 기사도 규칙적으로 살펴본다. "이 기사는 다양한 분야에서 새롭게 떠오르는 기업들을 다룹니다. 내가 가장 큰 이익을 봤던 종목들 역시 모두 『IBD』의 어디엔가 실렸던 종목들입니다."

그는 「리더 보드」도 유용하다고 말했다. "「리더 보드」의 종목을 분석하는 관점은 내 투자 철학에 딱 들어맞습니다. 트레이더라면 누가 내놓은 아이디어냐에 상관없이 그 아이디어를 잘 활용해서 돈을 벌기만 하면 됩니다."

그는 「리더 보드」가 제시하는 실행 아이디어가 자신에게 잘 맞는다고 덧붙였다. "차트에 달려 있는 주석은 초보자는 물론 전문가들에게도 탁월한 참고 자료가 되어줍니다. 하락장에서 매도할 종목을 찾을 때는 매도 목록도 꼭 살펴봅니다."

그는 주말에 또 다른 거래를 위해 늘 공부하면서 시간을 보낸다. 키어는 『최고의 주식 최적의 타이밍』 앞 부분에 실려 있는 100여 개의 차트를 확대 복사한 다음, 매주 1~2개씩 공부하고 있다며 이는 다음 대박 종목을 발굴하려는 준비에 다름 아니라고 설명했다.

키어는 자신이 투자하고 공부하면서 배운 바를 다른 사람들과 기꺼이 공유하고 있다. 그는 지난 6년 동안 보스턴대학에서 학기마다 인턴을 두 사람씩 받아 종목과 시장 흐름을 보는 법을 가르치고 있다. 또한, 지역 모임에 계속 참가하면서 지난 4년 동안 여러 차례 강의하기도 했다.

"대박 종목이 등장하는 데는 시간이 걸리게 마련입니다. 대개 12~18개월 정도 걸리지요. 이런 대박 종목을 잡으려면, 흔히 20~25%에 이르는 중기 조정을 버텨내야 합니다. 이런 면에서 인내심과 절제력이야말로 성공적인 투자의 핵심 요소라고 생각합니다."

> **POINT**
> - 대박 종목 중에는 매출과 이익 증가율이 세 자릿수인 종목이 많다.
> - 과거 대박 종목에서 나타난 패턴은 미래에도 계속 되풀이된다.
> - 매일 저녁 「eIBD」에서 선도주들을 찾아낸다.
> - 인내심과 절제력을 키운다.

주먹구구식 투자는 투기일 뿐

짐 로펠은 시카고에서 헤지펀드를 설립 운영하고 있다. 그의 말에는 시장에 대한 열정과 에너지가 뚜렷이 배어 있다. "열심히 공부하고 절제력과 인내심을 발휘한다면, 주식시장은 우리에게 끝없는 기회를 제공합니다."

대학을 졸업한 직후, 짐은 주식중개인으로 금융계에 발을 들여놓았다. 당시 그의 아버지는 생명공학 회사와 제약 회사에 투자하고 있었다. 아버지의 조언으로 짐도 제약주에 투자하기로 했다. 그가 처음에 산 주식은 오르는 듯하다가도 부진한 실적이 발표되거나 신약 승인을 받지 못하는 등 나쁜 뉴스가 불거지면서 폭락하곤 했다. 더군다나 매도 원칙을 몰랐던 터라 막대한 손실을 봤다.

그는 오랫동안 효과적인 투자법을 찾아내기 위해 가치투자 등 다양한 기법을 시도해봤으나, 큰 성과를 거두지 못했다. 그러나 투자로 성공하겠다는 의지만은 확고했다. 그는 계속해서 투자에 관한 다양한 책과 글을 읽으며 자신만의 투자법을 정립하려 노력했다.

확고한 원칙이 탁월한 실적을 만든다

1990년 짐은 서점에서 윌리엄 오닐의 『최고의 주식 최적의 타이밍』을 발견했다. 그는 이 책을 몇 장 읽자마자 흥미를 느꼈다. 이 책을 공부하다가, 『IBD』를 알게 되어 매일 꾸준히 읽기 시작했다. 그러다가 금세 오닐의 골수팬이 되어서 지역 신문 배급소에 가서 자정까지 신문 배달 트럭이 오기를 기다리곤 했다. 그는 신문에서 주봉 차트를 오려내 복사지 상자 뚜껑에 풀로 붙인 다음, 벽에 세워놓고 익숙해질 때까지 몇 번이고 반복해서 공부했다. 암젠Amgen, 시스코 시스템즈 등 주로 유명 주식의 차트를 공부했다. 그는 신고가 종목 리스트도 오려서 정리했는데, 이를 보면서 전체 시장의 강도를 파악할 수 있었다. 선도주들이 계속 신고가를 경신하면 시장이 튼튼하다는 신호다.

같은 해 짐은 처음으로『IBD』모임에 참석했다. 마침 윌리엄 오닐과 데이비드 라이언이 모임에 등장했다. 이들의 강연을 들으며 짐은 펀더멘털 기준과 기술적 매매 신호가 모두 중요하다는 사실을 완벽하게 이해했다. 그는『IBD』의 교육용 테이프를 모두 구매해서 매일 출퇴근길에 들었다. 이렇듯 투자 지식을 쌓고 나서 자신의 매매를 되돌아본 결과, 매도 원칙을 세우지 않은 게 최대 실수임을 깨달았다. 두 번째 문제는 종목을 선정하는 뚜렷한 기준이 없다는 점이었다. 또한, 손실이 나는 종목을 팔아 그 돈으로 상승하는 종목을 사지 않은 것도 잘못이었다. 몇 가지 단순한 원칙을 실행하면서부터 그의 실적은 급격히 개선되기 시작했다.

짐은 1990년 이후 매년 세 차례 정도『IBD』워크숍에 참석하고 있다. 그의 새로운 목표는 투자 전략과 바닥 패턴 인식법을 철저히 이해하는 것이다. 바닥 패턴을 돌파하는 순간, 주식을 사면 큰 이익을 얻을 수 있기 때문이다. 그는 워크숍에서 배운 내용을 반복 학습하면서 캔 슬림 투자법의 세부 사항들을 마음 깊이 새겼다. 투자에 완벽하게 성공하려는 그의 욕구는 전보다 훨씬 더 커졌다.

놓친 기회에서 배움을 얻다

1993년 짐은 뉴브리지 네트워크New Bridge Networks가 채 1년도 안 되는 기간에 600% 상승하는 모습을 지켜보기만 했다. 그가 투자를 공부하면서 『IBD』에서 자주 보았던 종목이라 대박 종목을 놓친 게 화가 났다. 그러나 이를 계기로 캔 슬림 투자법을 전적으로 신뢰하게 되었다. 그는 곧 상당한 규모의 자금으로 투자에 나섰다.

1995년 어센트 커뮤니케이션Ascend Communication이 『IBD』에 거의 매일 언급됐다. 매출과 이익 증가율이 세 자릿수에 이르는 진정한 선도주였다. 그가 어센드를 매수해 근사한 이익을 올리던 중, 10월에 갑자기 대량 거래가 일어나면서 주가가 50일 이동평균선 밑으로 떨어졌다. 그는 포지션을 모두 청산했는데, 종가는 곧 50일 이동평균선을 회복했다. 그는 자신의 매도가 실수라는 사실을 깨달았지만, 이 종목을 다시 사지는 않았다. 물량을 털고 나서 사실 그는 겁먹고 있었다. 어센드는 이후 여러 달 동안 급등했다. 짐은 대박 기회를 놓쳐버린 것이다.

이후 그는 물량을 털더라도, 당일 주가가 50일 이동평균선을 회복하면 다시 들어가는 것으로 원칙을 세웠다. 주가가 50일 이동평균선을 하향 돌파했다가 당일 대량 거래되면서 다시 회복되는 것은 기관투자가들이 떠받친다는 뜻이므로, 이 종목이 강하다는 신호이기 때문이다.

모두 시장에 뛰어들 때야말로 빠져나와야 할 때다

1999년 짐은 주식에 투자해 100만 달러 넘는 수익을 남겼다. 하지만 이때는 기술주 거품이 붕괴되기 직전인 광란의 1990년대였다. 지난 10년을 돌아보면, 실적이 지나치게 좋아서 믿기 어려울 정도였다. 다시 한 번 말하지만, 곧 시장의 붕괴가 시작될 것으로 보였다.

2000년 그는 모건스탠리 계좌에 1억 5000만 달러를 운용하고 있었다. 짐은 시장의 흐름에 문제가 있다고 봤다. 선도주들이 정점에 도달하면서 마지막 시세를 분출하고 있었다. 1월부터 3월 초까지 퀄컴은 4일 만에 42% 급등했고, 큐로직은 11일 동안 75% 치솟았으며, 야후는 1개월도 안 지나 90% 폭등했다. 어느 모로 보나 이는 비정상적인 흐름이었다. 여러 종목이 한꺼번에 시세를 분출하는 것은 시장이 정점에 도달하고 있다는 경고 신호다. 그는 신용 융자를 모두 상환하고, 보유 주식을 전부 처분했다.

그는 그동안 올린 실적을 자축하면서 애리조나주 호텔에서 성 패트릭의 날을 즐겼다. 그리고 마침내 시장이 붕괴했다. 그는 주식을 모두 현금화했으므로, 고객과 회사의 막대한 자금을 지켜낼 수 있었다. 『최고의 주식 최적의 타이밍』과 『IBD』를 읽고 전체 시장의 흐름과 선도주들의 동향에 주목하면서 매도 원칙을 따른 덕분이었다.

정점이 지나간 다음 사람들은 짐에게 막대한 투자 자금을 맡겼지만, 그는 시장이 여전히 하향세라고 판단해서 계속 현금으로 보유했다. "대중이 확신에 차서 기세 좋게 시장에 뛰어드는 것은 시장이 정점에 가까워졌다는 신호라고 생각해야 합니다." 고객들은 40% 하락한 시스코 시스템즈를 사달라고 그에게 간청했지만, 그는 폭락하는 주식을 사는 것은 떨어지는 칼날을 잡는 것과 같다고 생각했다. 시스코 시스템즈는 결국 85%나 하락했다. 『IBD』의 분석에 의하면, 선도주들의 하락률은 평균 72%였다. 이런 면에서 볼 때 장기 보유 전략은 매우 위험하다.

약세장은 새로운 선도주와 강세장의 발판이다

몇 번 반등이 있었지만, 이어진 2000~2003년은 약세장으로 매우 힘든 기간이었다. 전문가들도 돈 벌기가 매우 어려웠다. 시장의 역사를 공부한 짐은 시장이 결국 회복되리란 것을 알았지만, 길게 이어지는 약세장에 지쳐버렸다. 매주 하락하기만 하는 시장을 지켜보는 일은 고문 같았다. 금요일까지 버티기가 어려울 정도였다.

짐이 조만간 시장이 돌아서지 않으면 동네 커피숍에서 도넛이라도 팔아야겠다고 생각할 무렵, 시장의 흐름이 바뀌면서 새로운 상승세가 시작됐다. 가장 암울한 시점에 시장이 바닥을 치고 상승하기 시작한다는 말이 그의 마음에 와닿았다. 이후 그는 새로운 선도주와 강세장의 발판을 마련해준다는 의미에서 약세장을 환영하게 되었다. 새로운 대박 종목들이 탄생하면 막대한 이익을 거둘 수 있기 때문이다.

새로운 상승세, 새로운 선도주들

2003년 그는 블랙베리 제조업체인 리서치 인 모션Research in Motion 주식을 매입했다. 그는 이 회사의 신기술에 반한 터였다. 이 회사의 신기술 덕분에 사람들은 이제 사무실을 떠나서도 이메일을 주고받으면서 업무를 처리할 수 있게 되었다. 물론 회사의 이익은 급증했다. 몇 년 동안 이익을 낼 만한 종목임이 분명해 보였다(캔 슬림의 'N').

짐은 또한 2005년 구글을 샀다. 그가 항상 추구하던 대로 완전히 새롭고 혁신적인 회사였다. 구글의 검색엔진이 사람들의 인터넷 정보 검색 방식을 바꿔놓을 터였다(캔 슬림의 'N'). VRVolume Ratio이 2.9라는 점도 매우 특이했다. VR은 주가가 상승한 날의 거래량을 하락한 날의 거래량으로 나눈 비율이다. VR이 1.2보다 크면 수요가 많다는 뜻이다. 2.9는 구글에 대한 수요가 기록적이라는 의미였다. 짐이 과거의 대박 종목들을 조사했을 때 VR이 1.9 이상인 종목은 있었지만, 2.9는 한 번도 본 적 없었다.

대박 종목에 대응하는 법

중국의 '구글' 바이두가 짐의 눈에 처음 띈 것은 상장 직후인 2005년 2월이었다. 그러나 바닥 패턴에 결함이 있어서 사지는 않고 지켜보기만 했다. 대박 종목들은 상장 후 8년 이내 본격적으로 상승하는 사례가 많기 때문이다.

2007년이 되자 분기별 매출과 이익 데이터가 늘어나 실적을 분석

리서치 인 모션(RIMM) 주봉 차트(2007~2008)

휴대전화 블랙베리를 제조하는 캐나다 회사
짐 로벨

매매 이익 690만 달러,
핵심 포지션 11주간 보유
최대 1만 7000주까지 보유

주가 척도
240
220
190
170
150
140
130
120
110
100
90
80
70
60
50
46
42
38
34
30
28
26
24
22
19
17
15
14
13
12
11
10
9
8
7
6
5

하락 반전에 매도

46.8% 이익

회복을 매진 신호로 해석하고
매수 개시, 10일 이동평균선

상대강도선

상대강도선 고점

10주 이동평균선

40주 이동평균선

거래량
240,000,000
180,000,000
120,000,000
60,000,000

04.3 04.6 04.9 04.12 05.3 056 05.9 05.12 06.3 06.6 06.9 06.12 07.3 07.6 07.9 07.12 08.3 08.6 08.9 08.12

하기가 수월해졌다. 그가 분석한 바로는 믿기 어려울 정도로 좋은 실적이었다. 짐은 당시의 흥분을 이렇게 전했다. "바이두의 실적은 완벽해 보였습니다."

2007년 6월 분기부터 바이두의 매출 증가율은 120%, 이익 증가율은 100%에 이르렀다. 그는 이 놀라운 실적에 확신을 얻어 공격적으로 주식을 매수하기 시작했다. 이어 다음 분기 매출액 증가율은 118%, 125%, 130%, 122%, 103%로 나왔고, 분기 이익 증가율은 75%, 61%, 100%, 114%로 발표됐다(캔 슬림의 'C').

당시 중국 인구는 16억 명이 넘었으나 인터넷 사용자 수는 소수에 불과했으므로, 짐은 이 종목의 잠재력이 엄청나다고 생각했다. 게다가 바이두는 정부의 보호를 받고 있었으므로 경쟁도 거의 없었다. 피델리티 등 여러 펀드, 은행, 기관투자가들이 바이두를 대량 사들이자 그는 이 회사를 더 신뢰하게 됐다. 그는 바이두가 구글처럼 큰 성공을 거둘 것으로 생각했다. 중국에서는 인터넷을 처음 사용하는 사람들이 폭발적으로 증가하고 있었다. 공산주의 체제를 둘러싼 정보의 장벽이 무너지기 시작하면서 바이두는 진정한 선도주가 될 터였다.

그러나 2007년 말 시장이 하락세로 돌아서자 다른 선도주들과 함께 바이두의 주가도 떨어지기 시작했다. 시장이 조정에 들어가면 최고의 종목도 하락한다는 사실을 알고 있었으므로, 그는 바이두를 모두 팔았다. 시장은 2007년 말부터 2009년 3월까지 극적으로 하락했다. 금융 및 주택 위기 탓에 나스닥은 50% 넘게 떨어졌다. 그는 2000~2003년에도 비슷한 약세장을 겪어보았으므로, 결국은 경제가 회복되고 새로운 혁신 기업들이 떠오를 것으로 생각했다.

2009년 2월부터 바이두가 다시 상승하는 흐름이 포착됐다. 바이두는 13주 연속 상승했는데, 이는 기관이 매집 중이라는 신호였다. 상대강도선이 신고점을 기록하는 것은 대박 종목에서 흔히 나타나는 모습이다. 이는 바이두의 상승률이 S&P500을 능가한다는 뜻이었다. 2009년 3월 12일 시장에선 새로운 상승세가 시작됐다. 시장의 흐름이 좋아졌으므로, 그는 바이두를 다시 샀다.

2009년 10월 26일, 바이두는 광고 플랫폼을 피닉스네스트Phoenix Nest로 바꾼다고 발표했다. 분석가들은 플랫폼을 바꾸면 이익이 감소할 것이라고 생각했다. 이 발표로 당연히 매물이 대량 쏟아졌다. 다음 날 갭 하락이 발생하면서 바이두 주가는 18% 하락했고, 50일 이동평균선도 깨졌다. 그는 보유 물량이 많아서 수백만 달러나 손실을 봤다. 짐은 "발 뻗고 잠잘 수 있는 수준"까지 물량을 덜어낸 다음, 몇 주간 바이두를 지켜봤다.

바이두는 10주 동안 횡보하고 난 뒤 대량 거래되면서 50일 이동평균선 위로 반등했다. 바이두는 피닉스 플랫폼이 광고주들의 문제를 해결해줄 것이라고 발표했는데, 이것이 호재가 되었다. 기관투자가들은 다시 바이두를 사들였고, 짐도 다시 매수했다.

2010년 6월 바이두는 10 대 1로 주식을 분할했다. 그는 과도한 주

바이두(BIDU) 주봉 차트(2009~2010)

인터넷에서 검색, 표적광고, 콘텐츠 서비스를 제공하는 중국 회사
집 로펠

매매 수익 2900만 달러,
핵심 포지션 107주간 보유
최대 65만 주까지 보유

118% 이익

10주 이동평균선 붕괴 시
나머지 포지션 청산

10주 이동평균선 붕괴 시
일부 매도

주식 분할 시
일부 매도(203% 이익)

추가 매수

추가 매수

2차 매수

40주 이동평균선을
회복할 때 첫 매수

주가 척도
300
280
260
240
220

190
170
150
140
130
120
110
100
90
80
70
60

50
46
42
38
34

30
28
26
24
22

19
17
15
14
13
12
11
10
9
8
7

거래량
240,000,000
180,000,000
120,000,000
60,000,000

07.9 07.12 08.3 08.6 08.9 08.12 09.3 09.6 09.9 09.12 10.3 10.6 10.9 10.12 11.3 11.6 11.9 11.12 12.3 12.6 12.9

238

식분할로 주식 수가 대폭 증가하면 주가 흐름이 둔화될 거라고 생각해서 포지션을 줄였다(캔 슬림의 'S'). 그는 6월 주가가 50일 이동평균선을 깨고 내려갈 때 포지션을 또 줄였고, 2011년 6월 50일 이동평균선을 또 하향 돌파할 때 나머지 포지션을 모두 정리했다. 그는 장기간 상승한 종목이 대량 거래되면서 50일 이동평균선을 깨고 대폭 하락하면 매도한다는 원칙을 세워둔 바 있었다.

그는 바이두를 매매해서 거의 3000만 달러를 벌어들였다. 이는 대박 종목 다루는 법의 중요성을 보여주는 사례다. 사람들은 흔히 대박 종목을 너무 일찍 팔아버리거나, 털린 다음 다시 들어가지 않는 실수를 저지른다. 그러나 대박 종목에서 큰 이익을 얻으려면 그래서는 안 된다. 대박 종목에 적절하게만 대응하면 인생을 바꿀 기회를 잡을 수도 있다.

선도주를 장기 보유하라

짐의 기본 전략은 주식을 원칙적으로 1년 정도 보유하는 것이다. 그는 대박 종목은 장기간에 걸쳐 큰 수익을 내면서 네 번 정도 50일 이동평균선 밑으로 내려간다고 본다. 진정한 대박 종목이라면 20~26% 하락 정도는 기꺼이 감수해야 한다고 생각하는 그는 "주식이 하락할 때도 절제력을 발휘해서 꿋꿋하게 버티기로" 결심했다. 대박 수익을 얻으려면 이 정도 손실을 감내할 만큼의 확신이 필요하다고 본 것이다. 주식을 사기 전에 해당 종목의 펀더멘털을 충분히 조사했으므로 하락기에도 확신을 갖고 계속 보유할 수 있었다.

대박 종목, 유동성 높고 이익이 급증하는 종목을 찾아라

짐은 엄청난 시세를 낼 수 있는 보기 드문 종목을 찾는다. 한 종목에 1500만 달러 이상 투자하는 일이 비일비재한 그에겐 유동성도 지극히 중요한 문제다. 일평균 거래대금이 2억 달러 이상이면 가장 좋다. 그리고 가능하면 펀드, 은행, 연기금 등 기관투자가들이 선호할 만한 종목이면 좋다. 그는 대박 종목을 발굴해내는 요령 중 하나는 "유동성이 높으면서 이익이 급증하는 종목"을 찾는 것이라고 말했다.

새로운 제품, 새로운 서비스가 대박 종목을 만든다

바이두는 2009년 3월부터 2011년 7월까지 무려 1000% 수익을 냈다. 이는 경기 규칙을 바꿔서 해당 분야를 완벽하게 지배하는 회사만이 달성할 수 있는 수익률이다. 대박 종목들은 남들이 갖지 못한 제품이나 서비스를 가진 기업이다. 애플의 경우 아이팟과 아이폰, 아이패드가 바로 그런 것이다. 한센스 내추럴은 몬스터 음료를 출시했고, 이베이eBay는 인터넷 경매 사이트로 수십억 달러짜리 회사가 되었다. 새로운 강세장이 시작될 때마다 이런 혁신 기업들이 등장한다(캔 슬림의 'N').

짐은 2010년에도 대박 종목을 발굴했다. 넷플릭스는 블록버스터Blockbuster를 난타해 사업을 접게 했다. 미국 경제가 침체에 빠졌을 때, 사람들은 연체료 부담 없이 집에서 넷플릭스에 주문해서 영화를 볼 수 있었다. 넷플릭스는 펀더멘털이 탁월하고 사업 모델도 혁신적이었다. 이런 점에 착안해 짐은 넷플릭스를 2010년 8월에 사서 2011년 4월에 팔아 890만 달러를 벌었다.

짐은 실적이 발표되던 5월 3일 오픈테이블OpenTable을 대량 보유하고 있었다. 회사가 실적을 발표하자 대량 거래가 일어나면서 주가가 갭 하락했다. 다른 선도주들도 대량 거래가 발생하면서 하락하기 시작했다. 이는 시장에 문제가 있다는 신호다. 곧 포지션을 절반으로 줄인 다음 며칠 동안 전부 현금화해서 이익을 지킬 수 있었다.

2011년 나머지 기간에는 시세 변동이 심해서 매매하기가 어려웠다. 짐은 유럽발 악재에 휘둘리며 2011년 12월 시장이 상승세로 바뀔 때 남들보다 뒤처지는 모습을 보였다.

결코 시장에 맞서지 마라

짐은 시장의 추세를 확인하는 게 가장 어려우면서도 가장 중요한 일이라고 강조했다. "항상 시장의 추세를 따라야 합니다. 결코 시장에 맞서서는 안 됩니다. 선도주들이 바닥을 탈출해서 상승한다면, 이때야말로 큰돈을 벌 유일한 기회입니다."

그는 새로운 상승장이 시작될 때마다 선도주 몇 개는 잡을 수 있을 거라고 자신했다. "강세장이 나타날 때마다 대박 종목들이 등장

넷플릭스(NFLX) 주봉 차트(2010~2011)

netflix.com을 통해서 2600만 가입자에게 TV 쇼와 영화 서비스 제공
짐 로펠   118% 이익

주가 척도
500
460
420
380
340
300
280
260
240
220
190
170
150
140
130
120
110
100
90
80
70
60
50
46
42
38
34
30
28
26
24
22
19
17
15
13
12
11

거래량
32,000,000
24,000,000
16,000,000
8,000,000

07.9 07.12 08.3 08.6 08.9 08.12 09.3 09.6 09.9 09.12 10.3 10.6 10.9 10.12 11.3 11.6 11.9 11.12 12.3 12.6 12.9

여기서 현금화

10주 이동평균선 회복 시
최근 매도 물량을 다시 매수

10주 이동평균선 붕괴 시
일부 매도

피라미딩 추가 매수

이중바닥 돌파 시 처음 매수

매매 수익 880만 달러.
핵심 포지션 42주간 보유
최대 16만 주까지 보유

242

합니다. 캔 슬림 투자법을 적용하는 경험이 쌓일수록 대박 종목을 잘 찾아낼 수 있을 거라는 확신이 더 커집니다."

짐은 자신이 선정한 종목 중 실패한 종목이 절반 이상이라고 겸손하게 말했다. 그러나 그는 손실을 키우지 않고, 몇몇 대박 종목을 잘 관리해서 전체 실적이 크게 높아졌다고 덧붙였다.

POINT

- 『IBD』에 거의 매일 등장하는 종목에 주목한다.
- 보유 종목이 50일 이동평균선을 하향 돌파해서 털렸더라도, 그 종목이 당일 50일 이동평균선을 회복하면 재매수를 고려한다.
- 완전히 새롭고 혁신적인 제품을 보유한 회사를 찾는다.
- 대박 종목들은 상장 후 8년 이내 본격적으로 상승한 사례가 많다.
- 여러 주 연속 상승하는 종목은 기관이 매집하는 종목이다.
- 과도한 주식분할을 경계한다. 과도한 주식분할로 주식 수가 대폭 증가하면 주가 흐름이 둔화될 수 있다.
- 대박 종목을 발견하면 정확하게 대응한다.
- 유동성이 높으면서 이익이 급증하는 종목 중 대박 종목이 많이 나온다.
- 시장의 추세를 확인하는 것은 가장 어려우면서도 가장 중요한 일이다. 항상 시장의 추세를 따르라.

심리에 휘둘리지 마라

1995년 이브 보배치는 주식 투자 아이디어를 얻으려고 서점에서 책을 살펴보던 중 윌리엄 오닐의 책을 발견했다. 그녀는 주식시장의 복잡성과 재빠른 변화에 마음이 끌렸으며, 성장주 투자의 잠재력에 매력을 느껴 투자에 뛰어들었다고 밝혔다.

그해 후반, 이브는 처음 참석한 『IBD』 고급 세미나에서 오닐을 직접 만났다. 워크숍이 끝난 다음, 그녀는 오닐에게 사인을 부탁했는데, 오닐은 사인을 해주며 '실적이 뛰어난 최고의 주식이 바닥을 탈출할 때 사세요'라고 적어주었다. 이브에게는 절대 잊지 못할 순간이었다. 그녀는 최고의 주식을 어떻게 골라야 할지 모를 때마다 종종 이 글을 읽는다.

그동안 이브는 『IBD』 워크숍에 수십 번 참석했다. 그녀는 워크숍에 참석하면서 오닐의 책에 담긴 내용을 더욱 깊이 있게 알게 되었다고 말했다. 워크숍을 통해 그녀는 차트 패턴을 보는 법과 선도주들의 핵심 펀더멘털 요소 보는 법을 터득했다.

투자 전 시장 조사로 확신을 굳힌다

1996년 초 이브는 홀푸드마켓이 대량 거래를 일으키면서 손잡이 컵 바닥을 돌파할 때 사서 근사한 이익을 올렸다. 당시 홀푸드마켓은 매장이 35개뿐이어서, 확장 잠재력이 컸다. 최근 분기 매출 증가율은 24%였고, 이익 증가율은 41%였으며, ADR(등락비율) 등급은 A로, 가장 높았다(캔 슬림의 'C'). 그녀는 홀푸드마켓으로 성공을 거둔데다 이후에도 매매해서 또 이익을 얻었다. 그녀는 건강식품에 관심이 많아서 이 회사가 유명해지기 전부터 홀푸드마켓을 잘 알고 있었다. 덕분에 회사의 가능성을 더 쉽게 믿을 수 있었다.

이 성공으로 그녀는 소중한 교훈을 얻었다. 가능하면 관심을 가진 회사의 매장을 방문하거나 제품을 사서 직접 평가해봐야 한다는 것이다. 그녀의 집에는 시장 조사를 하기 위해 산 다양한 제품이 가득 있다. 예를 들면, 그린 마운틴 커피 로스터스의 K-컵 커피메이커, 룰루레몬의 운동복, 마이클 코어의 액세서리 같은 것들이다.

짐 로펠은 친구에게 소개받은 이브를 채용해서 1년 전부터 운용하기 시작한 소형 성장주 펀드 보조 업무를 맡겼다.

시장 접근법을 체계화하라

이브가 시장에 접근하는 방식은 매우 체계적이다. 그녀는 명확하게 틀을 짜서 체계적이면서도 분석적으로 업무를 처리한다. 또한 핵심 업무를 중심으로 처리 절차를 간소화했다.

그녀는 개장 전에 세계 시장, 선물, 개장 전 거래 가격과 종목 뉴스를 확인하고 관심 종목 리스트를 점검한다. 시장이 열리면 주요 지수와 선도주들의 흐름을 지켜본다. 장중에는 선도주가 될 만한 종목을 100여 개 정도 모니터하는데, 여러 개의 스크린을 살펴보면서 대량 거래를 일으키며 상승하는 실적 우수 종목이 있는지 조사한다. 장 마감 한 시간 반 전에는 지수, 선도주, 관심 종목들의 흐름을 면밀하게 관찰한다. 장 마감 무렵에 중요한 반전이 일어날 수도 있기 때문이다.

장 마감 후에는 쉬면서 운동을 한다. 달리거나 필라테스를 하면서 재충전의 시간을 보낸다. 가족이나 친구들과 즐겁게 지내기도 하는데, 덕분에 균형 잡힌 견해를 갖게 되었다. 저녁에는「eIBD」를 통독하고 인터넷으로 추가 조사를 한다. 그녀는 새로운 추세와 미래의 선도주를 찾기 위해 계속 노력하고 있다.

시장에서 새로운 상승세가 시작되면, 그녀는 최근 팔로스루 데이 이후 바닥을 돌파한 종목들을 추적한다. 새로운 상승세 이후 초기에 바닥을 돌파하면서 몇 주 동안 가장 많이 상승한 종목들이 새로운 상승장을 주도하기 쉽다. 그녀는 여러 돌파를 관찰해서 상승세의 강도를 평가한다. 힘을 잃고 떨어지는 돌파가 많으면 상승세가 꺾이기 쉽다. 시장의 강도를 평가하기 위해 그녀는 주요 지수들의 등락비율을 조사하고 주가 상승률과 상승 기간을 과거 다른 강세장과 비교해보기도 한다.

이브가 자신의 매매를 사후분석해서 발견한 가장 큰 문제는 대박 종목에서 얻은 이익이 적다는 점이었다. 대박 종목에서 큰 이익을 얻으려면 장기간 보유해야 한다. 그녀는 이베이를 공모가 수준에서 산 다음 매매하고 나서 다시 들어가지 않은 탓에 큰 이익을 놓치고 말았다. 대박 종목을 발굴하면 충분한 자본을 투입해서 큰 이익을 거두어야 한다. 이베이 매매의 경험에서 그녀는 대박 종목의 비중이 가장 커야 한다는 교훈을 얻었다. 따라서 그녀는 매도한 종목이 곧바로 반등해서 상승세를 지속하면 언제든 다시 들어가곤 한다.

심리에 휘둘리지 않는 매매, 일봉·주봉 차트를 참고하라

매매가 심리에 휘둘리는 일을 막기 위해 이브는 매매 원칙을 적어서 곁에 붙여둔다. 그녀는 주식을 사거나 팔거나 보유할 때마다 자신이 원칙을 잘 따르고 있는지 점검한다. 심리에 휘둘리지 않는 방법 중 하나는, 살 때는 일봉 차트를 이용하고 팔 때는 주봉 차트를 이용하는 것이다. 일봉 차트에는 돌파가 잘 드러나고, 주봉 차트는 큰 그림을 보여주므로 주가의 흐름을 평가하기 좋다. 큰 상승 흐름을 잡으려면 하루하루의 등락에 흔들리지 말고, 중기 흐름에 초점을 맞춰야 한다. 이때 주봉 차트는 매우 유용하다.

그녀는 포지션을 잡기 전에 보유 원칙과 매도 원칙을 미리 적어둔다. 이렇게 하면 매도 시점을 잡지 못해서 주저하는 일이 없다. 또한 과잉 반응을 피하기 위해 점진적으로 물량을 확보한다. 매수한 종목에서 이익이 나면 추가로 매수하는 방식을 쓴다.

지금은 1998년 시장과 당시 선도주들을 공부하고 있다. 이는 미래 선도주들을 찾아내기 위한 노력이다. 이브는 모든 대박 종목에서 공통적으로 나타나는 기술적 특징을 조사하고 있다. 그중 한 가지는 상승 초기에 상승 갭으로 바닥을 돌파하는 종목이 많다는 점이다. 커다란 상승 갭에 불안해하는 투자자도 있지만, 이는 진정한 선도주들에서 흔히 나타나는 특징이다.

상승 갭, 상승장에서 실적 개선 종목을 매수하라

상승 갭이 발생하더라도, 시장이 상승세이면서 실적이 좋은 회사인 경우에만 들어가야 한다. 『IBD』는 지난 130년 동안 대박 종목에서 발생한 상승 갭의 공통점을 조사한 바 있는데, 이런 회사들은 해당 산업을 선도했으며, 매출과 이익 등 주요 펀더멘털 요소가 강했다. 입증된 선도주가 실적이 개선되어 급등하면서 갭 상승할 때 사면 성공할 확률이 더 높아진다. 기관들의 매수세가 어떤 종목에 몰린다면, 이는 기관들이 그 회사의 장래를 낙관한다는 좋은 징조다.

POINT

- 팔로스루 데이 이후 바닥을 돌파한 종목들을 추적해 상승세의 강도를 평가하고, 대박 종목을 발굴한다.
- 대박 종목의 비중을 가장 크게 가져간다.
- 매매가 심리에 휘둘리지 않도록 매매 원칙을 적어서 가까이 붙여둔다.
- 상승 갭이 발생하더라도 시장이 상승세이면서 실적이 좋은 회사인 경우에만 들어간다.
- 관심 회사의 매장을 방문하거나 제품을 사서 직접 평가해본다.

룰루레몬(LULU) 일봉 차트(2010~2011)

북미, 호주, 뉴질랜드에 174개 운동복 프랜차이즈 운영
유망 갭 상승 사례

주가 척도

60
50
40
30
20

2011년 7월 19일 63달러에 매도
8개월 동안 103% 이익

채널의 고점과 저점 둘 다 상승

50일 이동평균선

200일 이동평균선

2010년 12월 9일
대형 갭 상승 시 31달러에 매수

대량 매매

거래량
5,400,000
4,050,000
2,700,000
1,350,000

249

그린 마운틴 커피 로스터즈(GMCR) 일봉 차트(2010~2011)

커피 · 티 1컵 포장 및 커피 메이커 판매
유망 겹 상승 사례

주가 척도

100

80

60

40

20

2010년 3월 17일 32달러에 매도
(주식 분할 반영)

11개월 동안 88% 이익

상대강도선

200일 이동평균선

50일 이동평균선

2009년 4월 30일 실적 발표 후
대형 겹 상승 시 17달러에 매수

거래량
2,400,000
1,800,000
1,200,000
600,000

시러스 로직(CRUS) 일봉 차트(2012)

상업 · 산업용 ICS 및 소프트웨어 설계
유망 갭 상승 사례

주가 척도 45 40 35 30 25 상대강도선 20 15 10

2012년 8월 23일 42달러에 매도

추가 매수

추가 매수

2012년 1월 10일 실적 발표 후
대형 갭 상승 시 19달러에 매수

대량 매매

대량 매매

대량 매매

거래량 4,000,000 3,000,000 2,000,000 1,000,000

251

원칙을 준수하고 절제력을 발휘하라

데이비드 라이언은 그의 대학 학비를 벌려고 투자를 시작한 아버지 덕분에 주식을 처음 접하게 됐다. 당시 매우 어렸던 그에게 아버지는 디즈니 같은 회사를 예로 들어 설명해주었다. 그는 열세 살 때 초코바 제조업체 허시Hershey's 주식을 10주 매입하는 것으로 주식 거래를 시작했다. 이후 여러 종목의 주가 흐름을 보면서, 왜 어떤 종목은 오르고 어떤 종목은 내리는지 그 이유가 궁금해졌다.

방법은 공개됐다. 필요한 건 노력뿐

고등학교와 대학교를 졸업할 때까지도 그는 여전히 시장에 매력을 느꼈다. 그러다 센추리 시티 투자 세미나에서 윌리엄 오닐의 강연을 들은 다음 일봉 그래프를 살펴보았다. 그는 토요일마다 차트책을 받으러 갔는데, 종종 오닐이 사람들의 질문에 답해주는 모습을 보았다. 그럴 때마다 데이비드는 이들의 대화를 귀 기울여 들었다.

UCLA를 졸업하고 나서 데이비드는 오닐의 사무실을 찾아가 무보수로 일하겠다고 제안했다. 오닐의 비서 캐시 셔먼은 데이비드의 열정을 알아보았다. 큰 기대 없이 사무실을 나와 집에 도착해보니 메시지가 와 있었다. 오닐이 인터뷰를 원한다는 메시지였다. 며칠 뒤 인터뷰하면서 오닐은 데이비드에게 5년 동안 하고 싶은 일이 있냐고 물었다. 확신은 없었지만 데이비드는 "당신은 성공한 사람입니다. 당신의 모든 것을 배우고 싶습니다"라고 답했다.

데이비드는 오닐 회사의 기관투자가 관련 조사 분야에서 일하면서 캔 슬림 투자법에 관한 모든 것을 배웠다. 1982년 8월 새로운 강세장이 시작되자, 그는 그동안 회사에서 배운 지식을 바탕으로 투자를 시작했다. 1년 반 동안은 좋은 실적을 올렸지만, 이후 실수를 자주 저질러서 이익의 대부분을 반납해야만 했다. 그는 자신의 매매를 분석한 다음, 지나치게 상승한 주식을 샀기 때문에 좋지 않은 결과가 나타난 것이라고 결론 지었다. 데이비드는 매매에 임할 때 절제력을 가져야겠다고 생각했다. 그는 이후 실적이 정말로 개선되기 시작했다고 말했다.

데이비드는 1985~1990년 미국 투자 챔피언십에서 세 번이나 우승하면서 전국적으로 관심을 끌게 되었다. 전직 스탠퍼드 교수가 후원하는 이 대회는 실제 계좌를 개설하고 실제 자금을 투자하는 방식으로 진행되는데, 매년 펀드매니저, 뉴스레터 발행자, 개인투자자를 포함한 300여 명이 참가해 수익률로 경쟁을 벌인다.

데이비드의 설명이다. "캔 슬림 투자법의 원칙은 모두 공개돼 있습니다. 이를 충분히 습득해서 실력을 발휘하는 것은 각자의 몫입니다. 물론 어느 정도 공부가 필요한 건 사실입니다. 그러나 어느 분야에서든 성공하려면 시간을 들여야 하는 건 마찬가지입니다."

1982~1985년 그가 맡은 주요 책무는 오닐과 함께 500여 곳에 이르는 고객 기관투자가들이 개별 종목을 선택하는 것과 관련해 자문

을 제공하는 일이었다. 그는 회사 포트폴리오도 여러 개 맡아서 운용했다. 1998년 7월, 오닐과 거의 17년 동안 일한 그는 자신의 헤지펀드를 설립했다. 오닐을 깊이 존경하고 함께 근무하면서 수많은 배움을 얻었지만, 이제 자신의 능력을 발휘할 때라고 판단한 것이다.

데이비드는 지금까지 펀드매니저로 장수한 비결이 위험을 최대한 관리해서 손실을 억제한 덕분이라고 말한다. "내 계좌라면 위험을 더 떠안을 수도 있지만, 고객의 은퇴 자금이나 가족의 재산이라면 그렇게 할 수 없습니다."

그는 소매업종에 즐겨 투자한다. "매장이나 음식점에 가보면 감을 잡을 수 있습니다." 그는 대개 종목의 비중을 조절하는 방식으로 운용한다. 예컨대 보유 수량이 2만 주라면, 그 종목이 바닥 패턴을 형성하거나 시장이 하락할 때는 수량을 1만 주로 줄였다가, 주가가 반등하기 시작하면 다시 2만 주로 늘리는 식이다.

최근 그가 성공을 거둔 종목으로는 치폴레 멕시칸 그릴, 애플, 캐터필러 등이 있다.

스토리를 알면 종목이 보인다

대박 종목을 장기간 보유하게 해주는 핵심 요소는 그 회사의 스토리를 파악하는 것이다. 회사를 성공으로 이끄는 요소는 무엇인가? 그 회사가 계속 많은 이익을 내는 이유는 무엇인가? 앞으로 5년 동안 매장이 250개에서 500개로 증가할 것 같은가? 회사의 제품이 잘 팔리는가? 데이비드는 자신이 투자하려는 종목에 대해 다양한 질문을 던져보라고 권했다.

그는 직업이 있는 사람도 자기 계좌로 매매해봐야 한다고 말했다. "매일 30분씩 캔 슬림 투자법의 투자 원칙을 공부하십시오. 『IBD』는 최고의 업종에서 최고의 종목들을 기막히게 선정해줍니다. 1년에 대박 종목 한두 개만 잡으면 탁월한 실적을 올릴 수 있습니다. 캔 슬림 투자법은 주식으로 가장 빠르게 돈 버는 길이지만, 그러기 위해서는 절제력이 필요합니다. 일부 원칙은 철저하게 준수해야합니다."

그는 투자에 대한 열정 덕분에 고난과 도전을 극복할 수 있었다며, 돈 버는 것도 좋지만 돈보다 더 중요한 것을 놓쳐선 안 된다고 강조했다. "신앙, 가족, 친구가 가장 소중합니다. 무엇보다 항상 균형 잡힌 관점을 유지해야 합니다."

A. KP'O.R

- 회사의 스토리를 확실하게 파악한다. 회사를 성공으로 이끄는 요소는 무엇인가? 회사가 계속 많은 이익을 내는 이유는 무엇인가?
- 매일 30분씩 캔 슬림 투자법의 투자 원칙을 공부한다.
- 1년에 대박 종목 한두 개만 잡으면 탁월한 실적을 올릴 수 있다.

조용하고 신속하게, 유연하고 과감하게

전문가라면 매매할 때 조용하고도 신속하게 결정을 내려야 한다. 마이크 웹스터는 오닐 데이터 시스템에서 10년 넘게 펀드매니저로 활동했다. 근면하고 열정적인 마이크는 엄청난 실적을 올렸는데도 여전히 공손하고 겸손하다.

시장은 기다려주지 않는다

마이크는 어린 시절부터 투자에 관심이 많았다. 그의 이야기를 들어보자.

"스물네 살 때 피터 린치의 『월가의 영웅One Up on Wall Street』을 읽었습니다. 이 책은 내가 회사의 제품과 서비스를 보는 관점에 심대한 영향을 미쳤습니다. 자신이 잘 아는 주식을 사라는 린치의 말에 공감한 나는 내가 강점을 발휘할 수 있는 제품을 찾아봤습니다.

그 무렵 방문한 나파밸리의 로버트 몬다비 양조장Robert Mondavi Winery에 크게 감명받았습니다. 병충해 방지법에서부터 흘림 방지 포도주병에 이르기까지 사업의 온갖 분야에서 섬세한 기술을 믿기 어려울 만큼 많이 개발했더라고요. 집에 돌아와 이 회사의 사업보고서를 모두 찾아 처음부터 끝까지 꼼꼼히 읽어봤습니다. 초보 투자자라서 데이터를 모두 이해할 수는 없었지만, 이 주식으로 커다란 수익을 낼 수 있을 게 분명해 보였습니다.

유일한 문제는 내게 돈이 없다는 점이었지요. 2년 전 대학을 졸업한 나는 근근이 살아가는 형편이었거든요. 기본 거래 단위인 100주를 살 돈조차 없었습니다. 그래서 근검절약하면서 최대한 저축했습니다. 그러나 주식은 나를 기다려주지 않고 7달러에서 14달러로 뛰었습니다. 당장 사지 않으면 영영 놓치겠다는 생각이 들어서 가진 돈을 모두 털어 540달러어치를 샀습니다. 이후 돈을 모으는 대로 계속 더 사들였는데, 내가 팔 시점에는 2배 넘게 상승한 상태였습니다. 이 경험에서 많은 것을 배웠습니다. 특히 신제품이 주가를 끌어올리므로, 항상 신제품을 찾아봐야 한다는 점을 배웠지요(캔 슬림의 'N')."

인생을 바꾼 크리스마스 선물

그해 크리스마스 선물로 부모님은 마이크에게 윌리엄 오닐의 『최고의 주식 최적의 타이밍』을 사주셨다. 그는 이 책이 자신의 인생을 바꿔놓으리라고는 꿈에도 생각하지 못했다. 책을 읽고 나서 그는 다짐했다. "나는 오닐 밑에서 일해야겠어."

윌리엄 오닐 플러스 컴퍼니William O'Neil+Company 조사부에서 근무하게 된 그는 복권에 당첨된 것 같은 기분이었다. 채용된 지 얼마 지나지 않아 교통사고를 당했는데, 차가 완전히 파괴될 정도로 심한 사고였다. 마이크는 길가 연석에 앉아 아내를 기다리면서 생각했다. "내 인생 두 번째 기회라는 생각이 들었습니다. 인생을 낭비하고 싶지 않았어요. 바로 그때 단기 목표부터 장기 목표까지 죽 써 내려

갔습니다. 핵심 목표는 오닐 밑에서 일하는 펀드매니저가 되는 것이었습니다. 매일 이 종이를 보고 의욕을 불태우면서 밤늦게까지 근무했습니다."

얼마 후 오닐이 조사부에서 격려차 연설을 했다. 연설이 끝나자 마이크는 오닐에게 다가가 펀드매니저가 되고 싶다고 말했다. 오닐은 지금 당장 펀드매니저가 필요한 건 아니지만, 그의 매매 자료를 보면서 이야기를 나눠보자고 말했다.

마이크는 과거 매매 자료와 현재 투자 아이디어에 대한 자료를 챙겨서 초조한 마음으로 오닐의 사무실로 들어갔다. "살아오면서 그렇게 긴장해본 적은 한 번도 없었습니다. 오닐이 아주 세게 나오더라고요." 면담이 끝난 뒤, 그는 충격을 받아 풀이 꺾였다. 그는 오닐에게 건네준 차트의 크기가 너무 커서 투자 종목들의 변동성이 실제보다 과장된 탓에 오닐이 좋지 않은 반응을 보였을 거라고 애써 자신을 위로했다. 그런데 회사에서 오래 근무한 직원이 마이크에게 물었다. "오닐하고 이야기를 나눈 시간이 얼마나 되지?" 그는 한 시간 반이라고 대답했다. "자네에게서 가능성을 보았기 때문에 그렇게 오래 이야기한 거야. 조금만 기다려보게나."

승부사는 유연해야 한다

마이크는 계속 열심히 일하며 매매에 대해 오닐과 더 많은 이야기를 나누었다. 오닐은 마이크가 그의 가르침에 귀를 기울이는 데다 매매 기법이 개선되었다고 생각했다. 1999년 12월 말, 오닐은 마이크가 캔 슬림 투자법을 적용해 능숙하게 실행한 매매를 확인한 다음, 그를 펀드매니저로 임명했다. 마이크의 꿈이 이루어진 순간이었다.

이듬해부터 마이크는 운 좋게도 오닐의 사무실에서 근무하기 시작해 여러 해 그곳에서 일했다. "나는 매우 특별한 학습을 하면서 큰 자극을 받았습니다. 오닐처럼 긍정적인 자세로 열심히 일하는 사람은 없습니다. 그는 나의 위대한 스승이자 롤모델입니다."

그는 한동안 오닐과 함께 근무하면서 오닐이 지극히 유연한 승부사라는 것을 깨달았다. "오닐은 자신이 기피하던 종목을 몇 주 뒤 다시 사들이기도 했습니다. 이런 유연성 덕분에 오닐은 50년 넘게 시장의 흐름을 따라갈 수 있었던 겁니다. 그는 자신이 과거에 한 말에 얽매이지 않습니다. 상황이 바뀌면 그 상황에 맞춰 변신합니다."

오닐이 그의 매매 실수를 검토하고서 해준 말이 있다. 마이크는 막대한 포지션을 들고 왕복 여행(벌었던 이익을 반납)을 했던 적이 있다. 크게 낙담한 그에게 오닐이 말했다. "항상 유연해야 하네. 바람에 휘는 나뭇가지처럼 말이야. 얼어붙지 말게. 주가 흐름이 신통치 않으면 먼저 일부를 판 다음, 다시 평가해서 필요하면 더 팔게나."

마이크의 설명이다. "오닐은 실수를 두려워하지 않으며, 다른 사람이 어떻게 생각하든 아랑곳하지 않습니다. 그는 자만심이 강한 사람은 아니지만, 내가 만나본 그 누구보다도 자신의 결정에 굳은 확신을 가지고 있습니다. 그는 주식을 잘못 사면 즉시 팔아버립니다.

그러나 그 종목이 반등하면 다시 사들입니다. 이런 경우에는 처음에 투자했던 금액보다 조금 더 늘려서 공세를 취하기도 합니다. 오닐은 선도주를 제대로 공략할 줄 압니다. 그 종목에서 이익이 나서 여유가 생기면 계속 보유하면서 적절한 시점에 추가로 사들입니다. 때로 몇 주나 몇 달에 걸쳐 나누어 매수하는 경우도 있습니다. 종목 선정과 인내심 면에서 그는 다른 트레이더들과 완전히 구별됩니다."

항상 새로운 아이디어를 탐구하라

그가 오닐에게 배운 것이 또 하나 있다. 바로 항상 새로운 아이디어를 탐구하는 자세다. 오닐은 매주 수백 개의 차트를 분석한다. 마이크도 그렇게 하고 있다.

마이크의 설명이다. "규칙적으로 수백 개의 차트를 공부하면 우위에 설 수밖에 없습니다. 게다가 사람처럼 주식에서도 개성을 발견할 수 있지요. 굼뜬 주식도 있고, 꾸준한 주식도 있으며, 변덕스러운 주식도 있습니다. 이밖에 온갖 주식이 있습니다. 그런 주식의 개성을 파악하고 나면 그 주식의 정상적인 흐름과 기대 수익률을 알 수 있으며, 특히 언제 망가질지도 알게 됩니다. 이는 차트를 열심히 공부하면 누구나 터득할 수 있는 기술입니다."

펀드매니저로 일하면서 마이크는 딱 한 번 오닐의 요청을 거절한 적이 있다. 바로 『IBD』 고급 워크숍에서 강의하라는 말을 들었을 때였다. 마이크는 "나는 대중 앞에서 말하는 것이 끔찍이 두려웠습니다"라고 당시의 기억을 떠올렸다. 오닐은 마이크의 공포감을 이해하지 못했지만, 용기를 북돋워주었다. "자네야말로 투자를 속속들이 다 아는 사람일세."

마이크는 대중 앞에서 연설하는 것에 대한 공포감 때문에 한동안 고생했으나, 고급 워크숍에서 오닐과 함께 강의하기 시작한 뒤 참석자들의 반응을 보면서 보람을 느꼈다. 특히 워크숍을 도와준 모든 사람에게 건네는 오닐의 말은 그에게 깊은 인상을 남겼다. 오닐은 늘 말했다. "우리는 참석자들만큼이나 세미나에서 많은 것을 얻습니다. 가르치기 위해 엄청나게 공부하기 때문입니다. 그 덕분에 우리는 우리의 투자법을 더욱 충실히 따르게 됩니다."

시스템을 다져라. 수익은 그다음이다

마이크는 워크숍 동영상이 큰 도움이 된다고 생각한다. "동료 펀드매니저인 찰스 해리스와 함께 강의한 차트 스쿨 세미나에서 우리는 매일 주식 매매 동영상을 검토했습니다. 우리는 다양한 장면에서 영상을 멈추고는 매매를 어떻게 해야 하는지 알려주었습니다. 실전 트레이딩에서 결정을 망설이게 될 때, 세미나에서 동영상을 검토하던 기억을 떠올리면 문제를 해결할 수 있습니다."

그는 초보 투자자에게 이런 조언을 건넸다. "단번에 큰돈을 벌려고 하지 마세요. 돈벌이를 1차 목표로 삼아서는 안 됩니다. 먼저 투자 시스템을 익혀야 합니다. 그러면 자연스레 돈이 따라오게 되어 있습니다. 최악의 상황은 운 좋게 큰돈을 벌어 나쁜 습관에 빠지는 것입니다. 처음에는 계획했던 투자 금액의 10% 미만만 매매하십시오. 이 과정에서 실수를 찾아내고 바로잡은 다음에 큰 자금을 투자하십시오."

과거는 현재의 거울

과거의 강세장과 약세장을 공부하면 현재 시장의 추세를 더 쉽게 이해할 수 있다. 오닐은 1984년 『IBD』를 발간하기 전부터 사람들이 시장의 추세를 이해하는 것을 돕고자 했다.

마이크는 설명했다. "과거 시장과 대박 종목들을 공부하다 보면, 현재 시장과 매우 비슷한 선례를 발견하게 됩니다. 2003년 초, 나는 1929~1932년 다우 차트가 2000~2002년 나스닥 차트와 비슷하다는 사실을 발견했습니다. 사실 거의 똑같았습니다. 1933년 3월에 시작된 강세장에서 다우지수의 흐름은 2003년 3월 나스닥과 비슷해 보였습니다. 나는 이 선례를 지침으로 삼아 공격적으로 매매했습니다. 바로 이런 이유로 오닐은 우리에게 과거 종목과 시장을 공부하라고 하는 것입니다."

도구를 활용해 매매 정확도와 효율을 높여라

그동안 마이크는 회사에서 사용하는 제품을 여럿 개발해냈다. 그의 첫 작품은 'Investors.com'의 「스톡 체크업」이다. 그는 『IBD』의

「종합 등급Composite Rating」도 만들어냈다. 이는 주식의 기본적 건전성을 즉시 평가해준다. 「종합 등급」은 이익 증가율, 이익률, 12주간 기관들의 매수 수준, 기타 펀더멘털 데이터를 결합해 산출하므로 최고의 주식을 신속하게 찾아낼 수 있다. 등급은 1~99로 분류되며, 99가 최고 등급이다.

마이크는 「마켓스미스 250 그로스 스크린MarketSmith 250 Growth Screen」 개발에도 참여했다. '화면 광狂'인 그는 여러 화면에 흩어져 있는 정보를 한 화면에 종합적으로 정리했다. 30개가 넘는 스크린에서 주가, 이익, 유동성, 자기자본이익률, 이익률 등 다양한 데이터를 결합해 목록을 구성했다. "유망 종목을 걸러내는 데는 오랜 시간이 걸리므로, 사람들의 시간을 절약해주고 싶었습니다."

역시 그가 개발에 참여한 「마켓스미스」의 '패턴 인식Pattern Recognition'은 알고리즘으로 바닥 패턴을 인식해서 매수 포인트를 제시한다. 그는 많은 노력을 들여 컴퓨터로 바닥을 인식하고 추세선을 그려낼 수 있게 만들었다. 차트에 익숙하지 않은 사람은 이 기능을 이용해 바닥을 다지는 종목들을 찾아낼 수 있다. 차트에 능숙한 투자자도 시간을 절약하는 등 유용한 도움을 받을 수 있다. "패턴 인식에선 바닥의 중심, 깊이, 단계가 퍼센트로 표시됩니다. 수작업하는 대신 계산기를 이용하는 것이나 마찬가지이지요." 마이크의 설명이다.

그는 찰스와 함께 마켓 스쿨에서 강의하고 있다. "찰리와 나는 저스틴 닐슨과 함께 주가와 거래량을 기준으로 매수 매도 원칙을 만들었습니다. 아시다시피, 팔로스루 데이가 나타나면 시장에 들어가야 합니다. 그리고 디스트리뷰션 데이가 많아지면 정점이라는 신호입니다. 문제는 바닥과 정점 사이의 기간입니다. 오닐은 수십 년의 경험을 통해 적정 보유 기간을 감지하지만, 우리는 오닐처럼 할 수 없습니다. 그래서 수많은 사후 검증을 통해 지극히 효과적인 원칙을 만들어냈습니다. 우리의 목표는 오닐처럼 시장을 분석하고 매매하는 것입니다."

「차트 아케이드Chart Arcade」는 그가 개발하지는 않았지만 정말로 좋아하는 제품이다. 그는 열 살짜리 딸 때문에 이 제품에 푹 빠지게 됐다. 이 제품은 마켓스미스팀이 만들어낸 주식 게임으로, 투자자들은 과거 주식 차트의 주가와 거래량을 바탕으로 주식을 사거나 팔면서 자신만의 투자 기법을 다질 수 있다. 마이크는 "자신의 매매가 옳은 판단이었는지 즉시 피드백을 받으므로 차트 매매를 매우 빨리 배울 수 있습니다"라고 장점을 설명해주었다(Chartarcade.com에서 무료로 차트 매매를 연습할 수 있다).

인터뷰가 끝날 무렵, 마이크는 다음과 같이 조언했다. "윌리엄 오닐의 책을 꼼꼼히 읽고 캔 슬림 투자법을 준수하십시오. 매주 몇 시간씩 공부하면 가욋돈은 물론 꽤 큰돈도 벌 수 있습니다. 정말로 인생을 바꾸고 싶다면 많은 시간과 노력을 들여야 합니다. 그래야 그만한 보상을 받게 됩니다."

1. 관심 종목을 갱신한다.
   - 매수 포인트에 접근하는 종목 리스트를 작성한다.
   - 매수 포인트에 접근하지 않은 종목 중에서도 추적 대상 리스트를 작성한다.
   - 주식을 매수한 다음에는 매수, 매도, 추가 매수 계획을 수립한다.
   - 매매 계획을 세우고, 계획에 따라 매매한다.
2. 강세 신호에 주목한다.
   - 지수들이 21일 이동평균선 위에 머물면, 시장이 강세라는 뜻이다.

큰 성공은 자만을 부른다

찰스 해리스는 상업용 부동산 감정인으로, 감정평가사 자격 시험을 준비하고 있었다. 그러나 자신의 일을 그다지 좋아하지 않았던 그는 직업을 바꾸고 싶었다. 항상 주식에 관심이 있었던 터라 UCLA 구인란에 올라온 '윌리엄 오닐 플러스 컴퍼니' 구인 공고를 보곤 즉시 응시하기로 결심했다. 그러나 그는 직무에 적합하지 않다는 내용의 불합격 통지서를 받았다.

몇 년 뒤 윌리엄 오닐 플러스 컴퍼니는 조사부에서 근무할 MBA를 모집했다. 찰스는 MBA가 아니었는데도 응시해서 결국 합격했다. 합격 당시 찰스는 가치투자자였다. "나는 저PER주에 조금 손대고 있었지만, 큰 성공을 거두지는 못하고 있었습니다. 나는 당시에 윌리엄 오닐이 누구인지도 몰랐습니다." 찰스의 설명이다.

처음에 찰스는 금융계에 발을 들여놓은 뒤 1~2년 경험을 쌓은 다음 증권분석가가 될 생각이었다. 그래서 그는 CFA 시험을 공부하기 시작했다. 그런데 조사부에 근무하면서 주요 증권사 분석가들이 작성한 상세한 보고서와 주식 데이터를 마음껏 접하다 보니 다른 생각이 들기 시작했다. 최고의 종목을 찾아내 막대한 돈을 벌 수 있을 것 같다는 확신이 든 것이다. "훌륭한 보고서들을 계속 읽다 보니 확신이 들었습니다. 나는 아내에게 전화해서 우리가 곧 부자가 될 것 같다고 말했습니다. 그러나 3개월 만에 투자 자금을 절반이나 날려버렸습니다. 내가 너무 순진했던 거죠. 그래도 소중한 교훈을 얻었습니다. 바로 다른 사람들의 견해에 의지해서는 안 되며, 스스로 조사해서 직접 결정해야 한다는 교훈이었습니다."

1995년 9월부터 1996년 말까지 찰스는 캔 슬림 투자법을 완벽하게 배우려고 노력했지만, 투자에서는 큰 성공을 거두지 못했다. 때로는 상승 종목을 잡기도 했지만, 손실 종목을 너무 오래 보유한 탓에 전체적으로는 손실을 본 것이다.

매매의 강약점을 평가하라

1996년 12월, 그는 자리에 앉아 진지하게 자신을 돌아보았다. "나는 어떤 트레이더인가? 나의 강점과 약점은 무엇인가? 성공하려면 내가 준수해야 하는 기본 원칙은 무엇인가?" 그는 자신의 매매를 사후분석해서 모든 원칙을 적었으며, 윌리엄 오닐, 니콜라스 다바스, 제시 리버모어 같은 전설적인 트레이더들의 가르침도 정리해두었다. 이 '트레이딩 선언서'에 그는 자산의 강점을 활용할 수 있는 매매 전략과 앞으로 자신이 준수해야 할 매매 원칙을 자세히 기술했다. 이때부터 그는 큰 성공을 거두기 시작해서 18개월 동안 계좌 잔액이 1500% 넘게 불어났다.

그러나 그는 큰 성공이 자만을 부른다는 사실을 배우기 위해 값비싼 대가를 치러야 했다. 1998년 7월부터 1998년 10월 초까지 이어진 단기 약세장에서 투자 자금의 4분의 3을 날려버린 것이다. "자만심 때문에 실패했습니다. 환경이 위험해서 승산이 낮았는데도 계속 매매했거든요. 이제 초반에 거둔 성공이 단지 초심자의 행운일 수도 있다는 것을 알고 있습니다. 쓰라린 실패를 겪은 후 절제력과 자신감을 상실한 채 매매를 거의 포기하다시피 했습니다." 몇 달 전 CFA 자격을 딴 찰스는 자산운용사의 분석가 업무를 지원했다.

바지를 입을 때는 다리를 하나씩 넣어야 한다

하지만 찰스는 회사를 옮기지 않았다. 1998년 10월 대형 강세장의 마지막 상승세가 시작되었을 때, 그는 원칙을 지켜 성공을 거두고 절제력과 자신감을 회복했다. 1999년 그는 큰 성공을 거둬 계좌 잔액이 1000% 넘게 증가했다. 자신의 성공을 확인하면서 그는 오닐의 말을 떠올렸다. "바지를 입을 때는 다리를 하나씩 넣어야 한다는 사실을 기억하게." 오닐은 그동안 수많은 성공을 거두고 수십 명의 트레이더와 일하는 등 다양한 경험을 쌓아서 성공하면 자만해지기 쉽다는 사실을 누구보다 알고 있었다. "오닐은 내게 성공에 휩쓸리지 말라고 경고했던 것이지요. 그의 경고에 귀를 기울여야 했습니다."

1999년 말경 그는 경영진에게 펀드매니저가 되고 싶다는 뜻을 밝혔다. 몇 주 뒤 그의 매매 실적을 검토한 오닐은 그와 점심 식사를 하면서 지금 필요한 것은 펀드매니저를 도와줄 분석가라고 말했다. 그러면서 "아마도 머지않은 미래에 자네는 자금을 운용하게 될 걸세"라고 덧붙였다.

2000년 1월, 오닐은 자신의 사무실 바로 곁으로 찰스의 자리를 옮기게 한 다음, 자신과 펀드매니저들의 관심 종목에 대한 분석을 맡겼다. 2000년 첫 8개월 동안 그의 계좌 잔고는 800% 넘게 불어났다. 2000년 6월 오닐은 매매 실적을 보고 나서 그에게 자금 운용을 맡겼다. 마침 짧지만 매우 강한 반등장이 시작되는 시점이었다. 겨우 6주 만에 그가 운용하는 자금은 50% 넘게 증가했다. "천하를 얻은 기분이었습니다." 그러나 바로 그때 길고 지루한 하락장이 시작되었다는 사실을 그는 전혀 깨닫지 못했다.

"밀쳐두었던 자만심이 다시 불거졌습니다. 자만심에 빠져 원칙을 소홀히 했습니다. 2000년 9월 시장이 폭락했을 때도 약세장이 시작되었다는 사실을 무시한 채 계속 매매했습니다. 그때까지 실적이 매우 좋았던 탓에 자만심을 전혀 억누르지 못했습니다. 절제력이라곤 찾아볼 수 없었습니다. 마치 중독자 같았지요."

그는 결국 막대한 이익을 고스란히 반납하면서 그의 계좌는 물론 회사 자금에도 큰 타격을 입혔다. "그 무엇도 경험을 대신할 순 없습니다. 투자라는 전쟁은 직접 치러봐야 이해할 수 있습니다. 시장은 요란하게 붕괴했습니다. 겨우 4개월 만에 나스닥은 45% 넘게 하락해버렸어요. 나는 막대한 돈을 날렸습니다. 나를 구해준 것은 거의 깡통을 찰 뻔했던 1998년 약세장의 경험이었습니다. 통제 불능 상태라는 것을 깨닫자마자 계좌에서 자금을 빼버렸습니다. 다행히 자금의 3분의 2는 지켜낼 수 있었지요. 나머지는 날아갔고요. 그 일로 크게 충격을 받고는 사기가 저하되었습니다."

절제력을 유지하고 자만심을 억제하라

찰스는 다시 계획을 세웠고, 단기간에 몇 번 '좋은' 거래를 하면서 절제력과 자신감을 회복했다. 그는 비싼 대가를 치르고 소중한 교훈을 배웠다. "항상 절제력을 유지하고 자만심을 억제해야 합니다. 원칙을 어기면 막대한 돈을 잃기 때문입니다. 시장의 추세에 따라 매매해야 한다는 사실을 정말 제대로 배웠습니다. 그리고 심리가 지나치게 저하되면 회복하기 어렵습니다. 회복하는 데 너무 오랜 시간이 걸리므로 그것 자체로 커다란 낭비이지요."

찰스는 처음 펀드매니저가 되고 나서 2년 동안 마이크 웹스터와 나란히 앉아서 근무했다. 두 사람은 매일 서로의 매매 실적을 비교했다. 찰스는 당시의 기억을 떠올렸다. "실적을 비교하는 것은 사실 자존심이 상하는 일이었습니다. 엄청난 압박감이 느껴졌지요. 내 실적이 좋아도 그의 실적만 못하면 형편없다고 느껴졌습니다. 내 실적이 나빠도 그의 실적보다 나으면 기분이 좋았습니다. 전혀 말이 안 되는 일이었죠. 그 일을 계기로 나는 실적을 다른 사람과 비교하지 않으려고 전설적인 트레이더 니콜라스 다바스나 외톨이 늑대 제시 리버모어처럼 홀로 지내게 되었습니다. 천재가 아니더라도 좋은 실적을 낼 수 있지만, 자만심을 억제해야 원칙을 지켜서 실수를 방지할 수 있습니다."

오닐은 펀드매니저들에게 실적 순위를 알려주지 않는다. 그렇게 하면 펀드매니저들이 압박감을 느낄 것을 알기 때문이다.

어느 트레이더나 타고난 강점과 약점이 있다

여러 해 동안 워크숍에서 가르치면서 찰스는 어느 트레이더에게나 타고난 강점과 약점이 있다는 사실을 실감했다. 찰스의 설명을 들어보자. "어떤 사람은 손절매를 못 합니다. 또 어떤 사람은 인내심이 부족해서 주가가 큰 폭으로 움직일 때 견디지 못합니다. 자만심 때문에 이익을 너무 서둘러 실현해서 큰 이익을 놓치는 사람도 있습니다. 오닐은 다음과 같은 방법으로 약점을 극복하라고 가르쳐주었습니다.

첫째, 자신에게 약점이 있다는 사실을 인정한다. 자신의 실적을 책임지지 않으려는 투자자들이 있는데, 이런 사람들은 절대 성공하지 못한다. 둘째, 자신의 매매를 사후분석한다. 자신의 약점이 금방 드러날 것이다. 셋째, 자신의 약점을 극복하기 위한 원칙을 글로 적는다."

그의 이야기는 계속됐다. "나는 내 원칙과 전략을 적으면서 내게 가장 잘 어울리는 매매 스타일을 정의해두었습니다. 나는 단기 모멘텀 트레이더에 가깝습니다. 주가 흐름을 분석했을 때 하락이 예상되면 이익을 실현하고, 선도주가 주요 이동평균선이나 지지선으로 하락하면 다시 사는 스타일입니다. 홈런보다 단타에 훨씬 능하지요. 이런 스타일이 내 성격에 잘 맞으므로, 굳이 바꾸려 하지 않습니다. 오닐은 탁월한 홈런 타자로, 매매 스타일이 나와 다릅니다. 그렇다고 해도 상관없습니다. 오래전 오닐 역시 내게 '현재 스타일이 효과적이라면, 바꾸려 하지 말게'라고 말한 적 있습니다."

찰스는 오닐에 대한 존경심과 믿음을 가감 없이 표현했다. "오닐은 여러모로 영감을 불어넣어주었습니다. 그는 그 누구보다 근면합니다. 우리 회사에 오닐보다 열심히 일하는 사람은 아무도 없습니다. 시장과 개별 종목을 대할 때는 매우 유연한 모습을 보입니다. 그는 순식간에 생각을 바꾸기도 하고, 필요한 시점에는 올곧게 자신의 확신을 유지하기도 합니다. 내가 오닐을 존경하는 이유 중 하나는 그가 자금을 모두 날려버린 적이 없기 때문입니다. 그는 아무리 좋아하는 종목이더라도 주가 흐름이 나빠지면 주저 없이 손절매합니다. 그는 자기 돈으로 매매해서 거금을 번 극소수의 투자자 중 한 사람입니다. 금융계에서 큰돈을 번 사람들이 대부분 남의 돈을 운용해서 돈을 번 것과는 다릅니다. 오닐은 트레이딩으로 부자가 될 수 있음을 보여주는 살아 있는 증거입니다. 대박 종목을 발굴해서 잘 관리하면 됩니다. 물론 말처럼 쉽지는 않은 일이지요."

캔 슬림, 대박 종목을 찾아라

찰스의 설명은 계속됐다. "오닐의 천재성은 대박 종목을 발굴하고 관리하는 능력에서 드러납니다. 그가 시장을 주름잡는 대박 종목을 하나도 빠짐 없이 모조리 발굴해내는 것은 아닙니다. 놓치는 대박 종목도 있습니다. 이와 관련, 그는 내게 '모든 아기에게 키스해줄 수는 없다'라고 말한 적 있습니다. 평생 동안 대박 종목 몇 개만 잡으면 거부가 될 수 있습니다. 판도를 바꾸는 주식, 정말로 새롭고 독특한 회사를 찾으세요. 오닐은 투자자들이 이런 종목을 찾도록 도와주기 위해 캔 슬림 투자법을 개발했습니다. 나는 2001년 이후 신용거래를 하지 않으면서 내 투자 원금을 40배 넘게 키웠습니다. 이 기간에 시장 지수는 거의 제자리였습니다. 이런 실적을 얻으려면 절호의 기회에 매매하고, 조정장에 이익을 반납하지 말아야 합니다."

그는 투자자로서 자신의 삶에 만족감을 표하며 당부의 말을 남겼다. "주식시장은 내 인생을 통째로 바꿔놓았습니다. 내가 가족을 부

양하고 재산을 모을 수 있었던 것은 모두 매매에 성공했기 때문입니다. 누구나 할 수 있습니다. 그러나 진정 원하고 열심히 노력해야 합니다. 쉬운 일도 아니고, 하루아침에 이루어지지도 않습니다. 지름길도 없습니다. 자기 자신을 믿고, 자신의 매매 전략을 믿어야 합니다. 인내심과 노력과 절제력이 있으면 누구나 성공할 수 있습니다."

POINT

시장 심리
- 자만심을 버린다.
- 실수했어도 과거의 매매에 집착하지 않는다.
- 완벽을 추구하지 않는다.
- 최고의 트레이더들은 실적에 연연하지 않는다.

트레이딩
- 일평균 거래량이 40만 주 이하일 때는 큰돈을 투자하지 않는다.
- 승산이 낮을 때는 매매하지 않는다(주가가 바닥 패턴을 돌파할 때 거래량이 평균보다 40% 이상 많아야 한다).
- 실수를 많이 해도 큰돈을 벌 수 있다.
- 약세장에서는 빠져나온다. 추세에 맞서 싸우면 큰돈을 잃기 쉽다.

WINNING
SECRETS

시장은 틀리는 법이 없다.
사람들의 생각이 틀릴 뿐이다.

|제시 리버모어|

전설의 투자자 윌리엄 오닐

거장

거장은 자신의 분야에서 최고 수준에 도달한 사람을 가리키는 말이다. 투자의 세계에서 윌리엄 오닐은 역사상 가장 큰 성공을 이룬 전설적인 트레이더 중 한 사람이다. 그가 역사 속 다른 거장들과 구별되는 점은 다른 투자자들을 헌신적으로 가르치고 돕는다는 사실이다.

과거를 분석해 현재의 틀을 만든다

큰 성공을 이룬 사람들에게는 대개 복잡한 특징이 있다. 오닐 역시 쉽게 파악할 수 있는 인물은 아니다. 그는 어린 시절부터 근면성을 배웠다. 평범한 가정에서 태어난 그는 어려서부터 시간제 일을 했다. 신문 배달이든 식료품점의 농산물 코너 관리든, 그는 항상 열심히 일했다. 또한 오닐은 내성적이고 겸손한 사람이지만, 다른 사람을 도울 때는 남들의 시선을 의식하지 않는다. 그는 자신이 남들과 다를 바가 전혀 없다고 생각하며, 지나친 칭찬에 불편함을 느낀다.

그가 차는 시계에서도 그의 소박함, 유머 감각, 겸손이 드러난다. 오닐이 대중 앞에서 연설할 때 시간을 맞추려고 자주 차는 시계가 있는데, 미키 마우스 시계다. 그는 시계가 없을 때는 다른 사람에게 시계를 빌려서 연단 위에 올려놓고 본다. 그러다 연설이 끝나면 시계를 무심코 주머니에 넣은 다음 까맣게 잊어버리는 경우가 많다. 오닐과 함께 일하는 저스틴 닐슨은 오닐의 바지가 세탁기에 들어가기 전에 이렇게 빌린 시계들을 찾아 주인들에게 돌려주곤 했다.

오닐은 건강식품만 먹고 규칙적으로 운동한다. 전설적인 트레이더 제시 리버모어는 "훌륭한 트레이더는 잘 훈련된 프로 스포츠 선수와 다르지 않다. 정신 상태를 최상으로 유지하려면 신체를 완벽한 상태로 유지해야 한다"고 말했다.

오닐의 근면성은 보통 사람들이 흉내 내기 어려울 정도다. 흔히 사람들은 오닐이 천재라서 성공했다고 생각하지만, 사실 그는 그 누구보다 열심히 일하는 사람이다. 오닐은 "가장 크게 성공하는 사람은 다른 사람들이 꺼리는 일을 기꺼이 하는 사람들입니다"라고 말했다. 그의 집중력은 레이저 광선 같다. 아마도 젊은 시절에는 사람들이 겁먹을 정도였을 것이다.

업무에 관련된 것이든 잡담이든 오닐에게 질문을 던지면 놀라울 정도로 집중해서 들어준다. 탁월한 집중력도 그를 성공으로 이끈 요인 중 하나다. 그는 차트를 분석할 때, 복잡한 세부 사항에 대해서도 놀라울 정도로 집중력을 발휘한다.

그러나 얌전해 보이는 오닐의 내면에는 무서운 추진력이 숨어 있다. 1958년 오닐은 공군을 제대하고 대학을 나와 헤이든, 스톤 앤드 컴퍼니Hayden, Stone & Company에서 주식중개인으로 직장 생활을 시작했다. 1960년 그는 하버드 경영대학원의 첫 경영자 개발 프로그램PMD에 들어갔다. 성공을 다짐한 그는 역사상 최고의 트레이더들을 연구하기 시작했다. 제럴드 로브, 버나드 바루크, 제시 리버모어, 니콜라스 다바스 등이 바로 그들이다. 오닐은 당시 다른 펀드들을 모두 제치고 탁월한 실적을 냈던 잭 드레퓌스도 연구했다. 잭은 브리지 게임 선수에다 예리한 사고력을 갖춘 인물이었는데, 오닐은 그의 투자 설명서를 모두 입수해서 펀드에 편입된 모든 종목을 분석했다. 잭은 신고가를 기록한 종목들을 사들였다. 당시에는 저가 종목을 사냥하는 게 유행이어서, 잭의 투자 방식은 말도 안 되는 것처럼 보였다.

하지만 오닐은 광범위한 분석을 통해 잭이 차트 분석에 탁월하다는 사실을 발견했다. 이를 계기로 그의 투자 방식은 완전히 바뀌었다.

오닐은 대박 종목들이 본격적으로 상승하기 전에 드러내는 공통점들을 찾기 위해 심층 분석을 시작했다. 1950년까지 거슬러 올라가 분석해보자 대박 종목들의 펀더멘털 특성이 모두 비슷한 것으로 나타났다. 놀라울 정도로 상세한 연구를 바탕으로 오닐은 캔 슬림 투자법의 기반을 만들어냈고, 회사에서 최고의 실적을 기록했다.

그는 당시 최연소인 30세에 증권거래소 회원권을 사서 센추리 인포메이션 사이언스Century Information Sciences를 설립해 주식 데이터를 분석했다. 같은 시기에 그가 세운 '윌리엄 오닐 플러스 컴퍼니'는 성공적인 투자 분석 회사로 자리매김했다.

1972년에는 「데일리 그래프」를 창간해서 매주 차트 책을 발간했다.

1973년에는 데이터를 고속으로 출간하는 오닐 데이터 시스템즈O'Neil Data Systems, Inc.를 설립했다.

1984년에는 주식을 전문적으로 다루는 최초의 전국 일간신문 『IBD』를 발행하기 시작했다. 이로써 전문 투자자들만 볼 수 있었던 데이터를 개인투자자들도 접할 수 있게 되었다.

1998년에는 종합 주식 분석 도구인 「데일리 그래프 온라인Daily Graphs Online」을 출범하여 핵심 펀더멘털 데이터가 포함된 차트를 최초로 제공하기 시작했다.

2010년에는 「데일리 그래프」의 차세대 버전인 「마켓스미스」를 발표했다. 그리고 종목 선정 능력이 탁월한 「리더 보드」 서비스를 제공하면서 발전을 거듭하고 있다.

오닐은 자신이 지금까지 습득한 모든 지식을 사람들에게 기꺼이 나누어주고 있다. 시장 심리는 절대 바뀌지 않으므로, 그의 지식은 수십 년, 어쩌면 영원히 수많은 투자자에게 도움이 될 것이다. 오닐의 따뜻한 선물은 그 크기를 절대 측정할 수 없을 것이다.

또 다른 선물로 역사상 크게 성공한 인물들에 관한 독특하면서도 종합적인 연구가 있다. 바로 아리스토텔레스에서 오프라 윈프리에 이르기까지 전설적인 인물들의 공통점을 분석한 데이터베이스다. 이를 바탕으로 한 「10대 성공 비결Ten Secrets to Success」이 『IBD』에 매일 연재되고 있다.

『IBD』, 시장의 실상을 담다

『IBD』를 창간한 이유를 물었을 때, 오닐은 말했다. "대중에게 주식시장에 관한 더 좋은 정보가 필요하다고 생각했습니다. 투자 분야에 30여 년 동안 종사하면서 주요 신문들의 금융 기사를 포함해서 시장에 관한 글들은 거의 모두 읽어보았습니다. 좋은 글도 많았지만, 모두 시장의 실상에 대한 이해는 부족했습니다. 우리는 『IBD』로 이 공백을 메워 사람들이 성공할 수 있도록 돕고자 합니다."

『IBD』를 떠받치는 기둥은 시장과 종목들의 추세를 조기에 발견해내는 능력이다. 『IBD』의 모든 기사에는 오닐이 투자에 중요하다고 생각하는 내용이 들어 있다. 어떤 면에서 『IBD』는 오닐이 써준 트레이딩 계획서와 같다. 『IBD』는 'Investors.com'과 함께 2000년부터 인터넷으로 서비스를 제공하고 있으며, 종목 선정을 위한 조사 기능을 강화했다.

오닐은 다음을 포함해서 수많은 책을 썼다.

『최고의 주식 최적의 타이밍』
『윌리엄 오닐의 성장주 투자기술』
『윌리엄 오닐의 성공 투자 법칙』
『비즈니스 리더와 성공Business Leaders & Success』
『스포츠 리더와 성공Sports Leaders & Success』
『정치·군사 리더와 성공Military and Political Leaders & Success』

투자자들의 스승, 윌리엄 오닐

『IBD』를 창간할 때, 오닐은 신문의 개념과 특성을 투자자들에게 소개해야 한다고 생각했다. 그리고 대중 강연을 통해 전국의 투자자들에게 캔 슬림 투자법을 가르쳐줘 그들이 성공하도록 이끌고자 했다. 그래서 오닐은 오랜 기간 무료 워크숍을 열어 지식을 나누어주었다. 이런 무료 워크숍을 통해 오닐이 영향을 미친 사람이 얼마나 되는지는 알 길이 없다. 그동안 『IBD』에 올라온 수많은 추천의 글을 보면, 그 수는 막대할 것으로 추측된다. 오닐의 강연을 들은 다음 인생이 완전히 바뀐 사람도 많을 것이다.

오닐은 수많은 『IBD』 워크숍에서 강연하면서 행사장의 불이 꺼질 때까지 남아 참석자들의 질문에 답해주었다. 그는 항상 놀라울 정도로 인내심을 발휘해서 가능한 한 많은 사람의 질문에 답해주고자 한다.

『IBD』 모임에서 강연할 때도 마찬가지다. 나는 영광스럽게도 오닐과 함께 남부 캘리포니아 지역에서 많은 모임을 열었다. 그는 강연이 끝난 뒤에도 남아서 마지막 질문까지 참을성 있게 답해주면서 투자자들의 불안과 궁금증을 덜어주기 위해 애썼다. 모임을 연 도서관이나 회의실이 문 닫을 시간이 되면 오닐은 밖으로 나와 길가나 뜰에서도 계속 질문에 답해주었다.

오닐은 고급 골프장이나 고급 요트에서 시간을 보내는 일이 없다. 대신 자신이 시장에서 50년 넘게 배운 지식을 사람들에게 전해주는 데 시간을 아낌없이 쓴다. 그는 자신의 인생이 바뀐 것처럼 다른 사람들도 자신의 인생을 바꿀 수 있다고 믿으면서 성심성의껏 가르쳐주는 위대한 스승이다. 이런 도량과 근면성으로 그는 수많은 전문 투자자와 개인투자자들에게 긍정적인 영향을 주었다.

전설적인 트레이더로는 버나드 바루크, 제시 리버모어, 니콜라스 다바스, 제럴드 레브 등 많은 사람이 꼽히지만, 나는 캔 슬림 투자법을 개발한 윌리엄 오닐이 역사상 어느 트레이더보다도 투자자들에게 오랫동안 많은 영향을 미칠 것으로 생각한다.

최고의 트레이더가 되려면

최고의 트레이더가 되려면 오닐이 당신 뒤에서 어깨너머로 지켜보고 있다고 상상하면서 자신에게 물어보라. 지금 매매를 실행할 것인가? 팔려고 하는가? 그 이유는?

원칙을 준수하고 있는가?

최고의 트레이더가 되어 최상의 실적을 기록하려면, 세월의 시험을 견뎌낸 캔 슬림 투자법을 고수해야 한다. 캔 슬림 투자법은 오닐의 개인적인 의견이 아니라 1880년부터 시장과 선도주들의 실제 흐름을 분석한 결과를 바탕으로 만들어졌다.

오닐은 펀드매니저들이 캔 슬림 투자법의 투자 원칙을 어기면 그 이유를 물어본다. 당신이 캔 슬림 투자법의 투자 원칙을 어겼을 때도 오닐이 그 이유를 물어본다고 상상해보라. 매일 『IBD』를 읽으면 캔 슬림 투자법의 투자 원칙을 더 깊이 새길 수 있으며, 현재 좋은 실적을 내고 있는 캔 슬림 종목들을 더 쉽게 찾아낼 수 있다.

당신의 사고는 유연한가?

오닐은 특정한 생각에 얽매이는 법이 없다. 시장이나 선도주에 대해서도 마찬가지다. 유연성은 그의 커다란 장점 중 하나다. 그는 완고한 사람이 아니어서 자신이 항상 옳다고 고집부리지 않는다. 자만심은 성공을 죽음으로 이끈다. 오닐은 자만심에 빠져 자신이 옳다고 고집부리다가 파멸한 투자자들을 보고 오래전에 이 사실을 깨달았다.

그의 유연성을 보여주는 사례가 있다. 1999년 마지막 상승장을 앞둔 시점에 오닐은 매우 비관적이었다. 1999년 9월 팔로스루 데이가 나타나자 그는 생각을 완전히 바꿔 이 추세를 받아들였다. 그는 흥분해서 극찬하던 종목도 흐름이 나빠지면 미련 없이 곧바로 던져버린다. 그는 자신이 옳다고 주장하지 않으며, 자신의 견해가 틀렸을 때 변명하지도 않는다. 그는 단지 시장이 말해주는 대로 따라갈 뿐이다. 그는 정말로 유연한 사람이다.

차트는 실상을 말해준다

오닐은 무엇보다도 먼저 차트를 보면서 새로운 아이디어를 찾는다. 그는 주말에 여러 차트를 훑어보면서 그의 시선을 사로잡는 패턴을 찾는다. 게다가 기억력이 탁월해서 오래된 과거의 차트까지 정확하게 기억해낸다. 그는 어떤 종목이 바닥을 형성하는 패턴을 보면, 수십 년 전 비슷한 패턴을 보였던 대박 종목을 떠올릴 수 있다. 오닐의 경지까지는 아니더라도 이런 기술을 배우고 싶다면 과거 대박 종목들이 엄청난 수익을 내기 전에 어떤 흐름을 보였는지 공부하면 된다.

『최고의 주식 최적의 타이밍』시작 부분에는 시장 추세에 대한 설명과 주석이 달린 차트 패턴 100개가 실려 있다.

누구나 대박 종목을 잡을 수 있다

주식 투자에 발을 들여놓은 사람이라면 누구나 대박 종목을 잡고 싶어 한다. 대박 종목을 잡아 막대한 수익을 내는 것은 전문가들만의 영역이 아니다. 조금만 노력하면 누구나 할 수 있다. 오닐의 캔슬림 투자법은 그 방법을 구체적으로 제시해주는 안내서나 다름없다. 주식에 투자하기 전 아래 사항을 체크해보자.

- 사람들이 원하는 제품인가? 매출과 이익이 증가하고 있는가? 그렇다면 사람들이 그 회사의 제품이나 서비스를 원한다는 뜻이다. 회사의 경쟁 우위는 어느 정도인가? 회사의 제품이나 서비스는 얼마나 독특한가? 경쟁자가 쉽게 모방할 수 있는가? 완전히 혁신적이고 혁명적인 제품을 보유한 회사를 찾아라.
- 거래량은 수요와 공급을 나타내는 척도다. 거래량이 평균보다

가파르게 치솟으면 기관이 사고 있는 것이다. 이는 전문 투자 자들이 막대한 자금을 투입하고 있다는 신호다('Investors.com'에서 무료 차트를 볼 수 있다).

- 기관의 자금만이 주가를 밀어 올릴 수 있으므로 항상 거래량에 주목해야 한다. 거래량은 많을수록 좋다.
- 선도주 중에는 자기자본이익률이 30%, 40%, 50%, 또는 그 이상인 종목이 많다. 이는 회사 자금 운용의 효율성을 보여주는 지표이므로, 매출과 이익 같은 펀더멘털 요소가 뒷받침된다면 매우 유망한 종목이 될 가능성이 높다.
- 분기마다 매출과 이익이 증가하는 것도 회사가 유망하다는 신호다.
- 오닐은 과거 강세장에서 나타난 비슷한 바닥 패턴을 중요시한다. 'Investors.com'의 「IBD 유니버시티 IBD University」에서 무료로 기본 차트 패턴을 배울 수 있다.
- 일평균 거래량이 100만 주 이상인 유동성 높은 종목을 주목하라. 기관들이 들어갈 수 있는 종목이기 때문이다. 기관들은 대규모로 포지션을 쌓아야 하므로 유동성이 낮은 종목에는 투자할 수 없다.

새로운 강세장이 시작될 때마다 어떻게 항상 대박 종목을 찾아내 느냐는 질문을 받자 오닐은 겸손하게 대답했다. "나는 그렇게 생각해본 적이 없습니다만, 내가 사용한 방법은 다음과 같습니다. 강세장이 시작되고 나서 4~6주 지난 다음, 매출과 이익이 많으면서 차트 패턴이 적절한 종목들을 찾아냅니다. 이 단계에서는 어느 종목이 새로운 강세장에서 대박 종목이 될지 아직 알 수 없습니다. 좋아 보이는 종목이라도 실적은 신통치 않을 수 있습니다. 다른 종목들이 강하게 상승할 때 실적이 부진한 종목들은 잘라내야 합니다. 정원에서 잡초를 뽑는 것과 비슷하지요. 잡초를 뽑아내고 최고의 종목들을 추려내야 합니다. 원칙을 준수하면서 매출과 이익이 많고, 제품이 혁신적이며, 차트 패턴이 적절한 종목을 찾아낸다면, 이것이 제2의 구글이나 애플이 될 겁니다.

나도 실수를 많이 합니다. 그러나 주가 흐름이 나쁘면 미련 없이 팔아버립니다. 새로운 강세장 초기에 시장의 흐름이 좋을 때 최고의 주식을 산다면, 좋은 실적을 거둘 수 있습니다. 대박 종목은 그 모습이 뚜렷이 드러납니다. 애플은 지난 8년 동안 최고의 주식이었습니다. 그러나 초기 3년 동안은 이익이 그다지 많지 않았으므로, 우리는 서둘러 잡지 않았습니다. 하지만 회사의 이익이 급증하고 제품의 우수성이 널리 인식되기 시작하면서 우리는 애플이 매우 이례적이고도 혁신적인 회사라는 사실을 깨달았습니다.

새로운 강세장이 시작될 때마다 새로운 업종이 등장합니다. 여러분은 선도주를 찾아내야 합니다. 시장점유율이 증가하면서 매출과 이익이 다른 회사보다 월등히 증가하는 신규 상장 기업들을 찾아보십시오. 이런 종목들은 「IBD 50」에도 자주 등장할 겁니다."

기회는 누구에게나 열려 있다

오닐의 설명을 계속 들어보자. "기회는 실행하는 사람 누구에게 나 열려 있습니다. 새로운 강세장이 시작될 때마다 새로운 발명, 혁 신적인 기업, 새로운 기법들이 등장합니다. 구글이나 애플처럼 말이 죠. 이제껏 소개한 성공담에서 나온 원칙들을 실행한다면, 당신의 인생이 바뀐다 해도 놀랄 일이 아닐 겁니다."

시장이 주는 교훈

· 목표를 정하고 항상 긍정적으로 생각하라.

· 대박 종목은 투자자들을 털어낸다. 현재 강세장에서 선도주를 발견했다면, 털 린 다음에도 다시 들어갈 방법을 찾아야 한다.

· 주식을 쫓아다녀서는 안 된다. 다음 바닥 패턴이나 10주 이동평균선 등 재진입 기회가 올 때까지 기다려라. 매출과 이익이 다른 종목들을 계속 능가하는지도 확인하라.

WINNING
SECRETS

부록

부록 A

우리의 성공 기법

1960년대 초 아버지가 '윌리엄 오닐 플러스 컴퍼니'를 시작하던 당시에는 투자 지형이 지금과 매우 달랐다. 지금은 거대 펀드들이 시장을 지배하고, 누구나 온라인 트레이딩 계좌를 개설할 수 있지만, 당시는 펀드들이 성장하기 시작한 초기 단계였다.

그동안 수많은 투자 기법이 등장했다가 사라졌다. 1980년대와 1990년대 강세장 기간에 유행했던 장기 보유 전략은 지난 10년 동안 마주친 거친 약세장에 굴복했다. 거대 기관들도 무너졌다. 아버지가 회사를 시작했을 때, 전국적으로 활동하던 증권 회사로는 메릴린치Merrill Lynch, EF 허튼EF Hutton, 딘위터Dean Witter, 시어슨, 해밀Shearson, Hammill & Co, 키더 피보디Kidder Peabody, 배치Bache가 있다. 베이트먼 아이클러Bateman Eichler, 굿보디Goodbody, 헤이든 스톤Hayden Stone, 미첨 존스Mitchum Jones, 베어스턴스Bear Stearns를 기억하는 사람이 있는가? 거의 모두 사라졌거나 알아보지 못할 정도로 바뀌어버렸다. 지난 10년 동안 합병된 회사도 많고, 사라진 회사도 많다. 직접 겪어보지 않아도 회사를 유지하기가 얼마나 어려운지 충분히 짐작할 수 있을 것이다.

그러면 '윌리엄 오닐 플러스 컴퍼니'는 어떻게 지난 50년 동안 생존하면서 포트폴리오를 온전히 지키고 키워왔을까? 어떻게 해서 생존하는 것은 물론 로스앤젤레스, 뉴욕, 보스턴, 런던에 사무소를 두면서 세계 시장으로 영역을 확장해 나갔을까? 그것은 세월의 시험을 견뎌낸 우리의 방법론이 1964년 이래 수익을 가져다주었으며, 전세계 시장에 대해서도 효과적이라는 사실이 입증되었기 때문이다.

한 가지 분명히 밝히고자 한다. 나는 우리의 사업 수완이 남들보다 뛰어나다고 생각하지 않는다. 다만, 우리가 남들보다 나은 것이 있다면 역사적으로 입증된 명확한 원칙에 따라 시장의 흐름을 관찰하고 이에 대응한다는 점이다(우리는 50년 동안 시장과 개별 종목들의 등락을 연구하여 이 같은 방법을 개발해냈다). 이 원칙에는 시장의 방향 분석, 종목 선정, 포트폴리오 관리가 모두 포함된다. 장기적으로 성공하려면 셋 중 한둘만 뛰어나서는 안 된다. 셋 모두에 능해야 한다.

주가 차트를 참고하지 않으며, 시장을 수요와 공급의 메커니즘으로 보지 않는 투자자들에게는 우리 원칙들이 역발상 투자처럼 보일 것이다. 예를 들면, 우리 기법에 의하면 분기 이익이 계속 증가하고 있는데도 정점에 도달한 것으로 보이는 종목이 많다. 우리는 펀더멘털 요소로 매도 시점을 판단하지 않는다. 주가 하락은 펀더멘털 악화보다 선행해서 나타나므로, 차트를 통해 기술적 요소들을 추적해야 한다.

우리 기법의 또 다른 토대 중 하나는 7~8% 손절매 원칙이다. 2000~2001년 시장이 붕괴할 때 대부분의 투자자가 7% 손절매 원칙을 지켰다면 어떻게 되었을까? 아니면 우리 매도 원칙을 지켜서 2000년 1~3월에 이익을 실현했다면 어땠을까? 그 뒤에도 다시 먹구름이 몰려와서 나는 2007년 11월에 매수 포지션을 모두 청산했는데, 뒤이어 2008년 시장이 붕괴했다. 실제로 우리 펀드매니저들은 모두 주요 지수에서 기관들의 매도 조짐을 발견하고 신속하게 시장에서 빠져나왔다. 우리는 S&P500이 50% 넘게 폭락할 때까지 현금을 보유한 채 밖에서 지켜보고 있었다.

대부분의 사람에게 주식 매매는 양 극단을 오가는 일이다. 실적이 좋을 때는 큰 이익을 거둘 수 있지만, 실적이 나쁠 때는 끔찍한 경험을 하게 된다. 우리 기법을 사용하면 개인은 물론 최고의 기관투자가들도 파멸로 이어지는 극단을 피할 수 있다. 우리 기법의 첫 단계는 시장의 방향 분석을 통해 시장의 추세를 판단하는 것이다. 상승세일 때는 사고 하락세일 때는 사지 말라는 말이 쉽게 들릴지 모르지만, 시장의 추세를 정확하게 따라갈 수 있는 사람은 많지 않다. 지난 10년 동안 지루하게 오르내리는 시장과 씨름하다가 패배한 대부분의 투자자가 그런 사람들이다.

이런 환경에서는 상승세가 짧아서 적정 포지션을 확보할 무렵이면 추세가 끝나기 일쑤다. 그러나 차트에서 위험 신호가 나올 때 우리 매도 원칙을 따른다면, 시장이 하락세로 바뀌기 시작할 때 팔 수 있다. 차트의 신호를 보고 즉시 매도하는 것은 때로는 쉽지 않은 일이지만, 신속하게 신호를 따르지 않으면 대개 더 큰 손실을 보게 마련이다. 그동안 등락이 반복되는 시장에서 거래한 사람들은 가랑비에 옷 젖듯 계속 조금씩 손실을 보았다.

투자자 중에는 시장의 방향을 분석해야 할 필요성을 모르는 사람이 많다. 1990년대 호황기에 투자를 시작한 사람들은 2000년 이후의 시장 흐름도 여전히 1990년대의 관점으로 바라본다. 이들 중에 투자를 포기한 사람이 많은 것은 바로 이 때문이다. 2000년 3월 이후에 투자를 시작한 사람들은 이들보다 유리하다. 시장이 얼마나 나빠질 수 있는지 알기 때문이다. 장기적으로 성공하려면 반드시 상대를 제대로 알아야 한다. 사람들은 시장에서 수십 년 동안 성공한 투자자가 예외에 속한다는 사실을 잘 알지 못한다. 사람들은 대박 종목에 자금을 잔뜩 실어서 과감하게 공격해야 성공한다고 생각한다. 사실은 그렇지 않다. 스포츠팀이 장기적으로 성공을 거두려면 방어력이 우수한 동시에 공격력도 뛰어나야 한다.

우리 방어 시스템은 예고 없이 바뀌는 시장과 개별 종목의 흐름에 엄격한 매도 원칙을 적용한다. 이런 방법이 융통성 없는 것처럼 보일지도 모르지만, 사실은 유연하게 뛰어들어 포지션을 잡으며 필요하면 언제든 빠져나올 수도 있다. 이런 유연성 덕분에 우리는 시장에서 올바른 흐름을 탈 수 있었다. 특히 위험과 기회가 교차하는 중요한 시기에 그러했다. 1987년, 2000년, 2008년, 그리고 그사이에 하락률이 20% 미만이었던 모든 조정장이 여기에 해당한다.

결국, 지난 10년 동안은 원금 보존이 첫 번째 원칙이 됐다. 그러나 공격에서 방어로 사고방식을 전환하지 못해 무너진 투자자들이 많다. 이들은 계속 돈벌이에만 몰두할 뿐, 지킬 줄 몰랐다. 이들은 수익률을 조금이라도 더 얻어내는 일에 집중하느라 물러설 줄 몰랐다. 그러나 때로는 금리가 아무리 낮아도 현금성 자산을 보유하고 있을 줄 알아야 한다.

잠자는 동안에도 자기 돈은 계속 불어나야 한다고 생각하는 투자자도 있다. 그럴듯한 말이지만, 주식시장에서 항상 통하는 말은 아니다. 장기 보유 전략은 운전대에서 손을 내려놓고도 만사 잘 풀리길 바라는 것과 같다. 그러나 잘 풀리지 않으면(실제로도 잘 풀리지 않고), 처음에 아무리 싸게 샀더라도 장기적으로 막대한 손실을 보게 된다.

우리 기법은 차기 유망 선도주들을 명확하게 보여준다. 19세기 말 이후 나타난 모든 대박 종목을 종합적으로 분석해서 만든 기법이기 때문이다. 실제로 우리 기법을 적용해서 좋은 종목을 선정하는 일은 그다지 어렵지 않다. 어느 시장 주기에나 최고의 종목이 드러나도록 설계되었기 때문이다. 이는 종목 선정 기술이 전혀 필요 없다는 뜻이 아니라, 수천 개 종목 중에서 수십 개 종목을 신속하게 추려낼 수 있다는 의미다. 우리는 업종의 선두 주자로, 단기 이익과 장기 이익이 견실하고, 자기자본이익률이나 세전 이익률이 높은 회사를 찾는다. 요는 펀더멘털이 탁월하지 않으면 관심을 두지 않는다. 우리가 투자하는 종목 중에는 브랜드 인지도가 낮은 종목이 많다. 대개 상장한 지 12년이 지나지 않은 회사들이다. 우리는 지나치게 유명하거나 시장에서 사랑받는 종목은 꺼리는 편이다.

장기적으로 성공하는 데 가장 중요한 요소는 심사숙고해서 도출한 포트폴리오 운용 원칙을 항상 철저하게 준수하는 것이다. '윌리엄 오닐 플러스 컴퍼니'는 세월의 시험을 견뎌낸 원칙들을 바탕으로 위험을 최소화하면서 포지션을 쌓는 방법, 더 공세를 취할 시점, 물량을 덜어낼 시점, 시장에서 빠져나올 시점을 알려준다. 시장이나 종목의 정점이 형성되었음을 알려주는 마지막 원칙은 우리 기법에서 가장 독특하면서도 강력한 요소다.

강력한 매도 원칙을 철저히 준수하는 투자자는 드물다. 일단 주식을 산 다음에는 심리가 매도를 방해하며, 때로는 매도 시점을 놓쳐버리고 만다. 게다가 시장은 사람들의 인격적 약점과 자만심을 교묘하게 부추기는 습성이 있다. 트레이딩할 때는 항상 실수에서 배우면서 균형을 잡고 겸허한 태도를 유지해야 한다.

우리 기법을 쓰면 선도주들의 자연스러운 생애 주기를 따라가게 되므로(조기에 발견해서, 상승 흐름의 대부분 기간에 보유하고, 상승세가 끝날 무렵에 매도한다), 시장의 흐름에 뒤떨어지지 않는다. 차트 패턴은 이름만 바뀔 뿐, 내용은 바뀌지 않는다. 이것이 미국 주식시장의 특성이다. 주식시장의 흐름과 기업들을 이끌어온 주체는 언제나 기업가들과 탁월한 혁신이었다. 실제로 기업가들은 자본주의를 이끌면서 일자리를 창출한다. 기업가들이 존재하고 이들의 활동이 지지받는 한, 우리는 앞으로 50년과 그 이후에도 이들의 성공에 동참해야 한다. 미래에도 큰 기회가 많을 것이다. 우리는 충분히 준비해 이 기회를 십분 활용해야 한다. 절대 포기하지 마라.

윌리엄 스콧 오닐
「마켓스미스Marketsmith」 사장

부록 B

성공의 기회는
누구에게나 열려 있다

크리스 게젤은 『IBD』 편집장 겸 최고전략책임자다. 그는 독자들에게 도움이 될 만한 콘텐츠를 개발하는 데 주력하고 있다. 투자 기법에 대해서 그와 이야기를 나누었다. 아울러 무대 뒤에서 일이 어떤 식으로 진행되는지도 소개하고자 한다.

에이미: 투자에 성공하는 데 가장 중요한 요소는 무엇이라고 생각하시나요?

크리스: 시장에는 사시사철 돈을 벌려고 하는 투자자가 많습니다.

이들은 시장이 하락세일 때도 빠져나올 줄 모릅니다. 그러나 시장이 조정받을 때야말로 주식에 투자하기에는 최악의 시점입니다. 하락세일 때 주식을 사서 손해 보는 투자자들은 결국 시장에서 퇴출당하게 됩니다.

시장에서 퇴출당하지 않는 비결은 조정장에 들어가지 않는 겁니다. 조정장에 들어가면, 돈을 잃지 않더라도 사기가 꺾이고 비관적이 되게 마련입니다. 나 역시 그 기분을 잘 압니다. 몇 주, 몇 달, 심지어 몇 년 동안 주가가 하락하는 것을 지켜보면서 집중력과 긍정적 태도를 유지하는 것은 어려운 일입니다. 날마다 주가가 하락하는 모습이 무슨 재미가 있겠습니까?

그동안 내가 만나본 사람 중에는 조정장에 시달리다가 투자를 완전히 접어버린 사람들이 너무도 많습니다. 그런데 아이러니하게도 조정장은 다음 강세장을 주도할 종목들이 힘을 키우는 기간이기도 합니다. 이런 기업들은 이익을 많이 내는 혁신적인 회사들인데도, 시장이 전반적으로 약해서 상승하지 못하는 것뿐입니다. 그러나 시장이 상승세로 돌아서면 대개 이런 기업들이 가장 먼저 뛰어오르는 모습을 보입니다.

에이미: 이런 종목들을 놓쳐서는 안 되겠네요. 조정장일 때 열심히 분석해서 진정한 선도주를 발굴한 사람들은 나중에 큰 이익을 얻었겠군요?

크리스: 그렇습니다. 새로운 강세장이 시작되고 3~6개월 정도 지

나면 시장을 떠난 사람들의 눈에도 급등한 주식들이 보입니다. 그러나 선도주들은 대부분 이미 바닥을 돌파해서 큰 이익을 냈으므로, 이들은 때를 놓친 것이지요. 따라서 시장과 함께 움직여야 합니다. 조정을 거쳐 시장에 팔로스루 데이가 나타나면, 곧바로 좋은 기회를 이용해야 합니다. 원칙을 지키면서 최고의 선도주를 공략하면 완만한 반등장에서도 큰돈을 벌 수 있습니다.

에이미: 우리 모두 명심해야 할 훌륭한 조언인 것 같습니다. 시장과 함께 움직인다는 원칙 다음으로 중요한 과제는 무엇일까요?

크리스: 포트폴리오 관리가 절대적으로 중요합니다. 캔 슬림 종목 선정과 투자의 기본을 이해한 다음에는 구체적인 매수, 보유, 매도 원칙들을 완전히 익혀야 합니다. 나는 저스틴 닐슨, 데이비드 정과 함께 『IBD』 레벨 3 워크숍에서 주로 고급 투자 전략을 집중적으로 가르치고 있습니다. 이 세미나의 핵심은 트레이딩 시뮬레이션으로, 실제 시장 순환 주기 시나리오에 따라 투자자들이 모의 매수 매도를 실행하는 것입니다. 이 과정에서 투자 시점을 선택하고, 종목을 선정하며, 계속해서 20~25% 정도의 이익을 실현하는 방법을 배우게 됩니다. 모든 주식이 대박 종목이 될 수는 없지만, 상승장에서는 대부분 선도주가 20% 이상 이익을 내게 마련입니다. 반복해서 20%씩 이익을 실현하다 보면 포트폴리오가 착실히 불어날 겁니다.

에이미: 대박 종목은 어떻게 찾아내나요?

크리스: 중요한 원칙 하나로 8주 보유 원칙이 있습니다. 어떤 종목이 돌파 후 3주 이내 20% 넘게 상승하면, 이 종목을 온전히 8주 정도 보유한 다음 장기적 관점에서 매매를 결정해야 합니다. 이 원칙을 지키면 단기 등락에도 털리지 않고 계속 보유하면서 훨씬 큰 이익을 볼 수 있습니다. 그러나 이런 종목은 흔치 않습니다. 대개 5~6주 동안 25% 올라가는 정도입니다. 이 정도에서 이익을 실현해도 그 이익을 보태서 새로 돌파하는 종목에 재투자할 수 있습니다. 그리고 매도한 종목이 몇 주나 몇 달 뒤 바닥을 형성하면, 이 기회를 또 이용하면 됩니다. 이렇게 하면 이익이 복리로 불어납니다. 성장주들은 흔히 20~25% 상승한 다음 다시 바닥을 형성하므로, 이 방법은 매우 효과적입니다.

에이미: 이런 종목은 『IBD』의 어디에서 찾을 수 있나요?

크리스: 『IBD』에는 매일 새로운 종목에 관한 아이디어가 실립니다. 모든 투자자가 반드시 읽어야 하는 기사를 꼽으라고 하면 두 가지 정도를 말할 수 있습니다. 첫째, 월요일과 수요일에 실리는 「IBD 50」입니다. 우리는 펀더멘털이 강하면서 주가 흐름도 탁월한 최고의 종목들을 걸러냅니다. 종목마다 미니 차트가 딸려 있고, 바닥 패턴과 매수 시점에 대한 설명이 있습니다. 간략한 설명을 읽으면서 차트 분석 기술을 연마할 수 있지요. 둘째, 「리서치 테이블」입니다. 각 섹터의 최상단 종목들을 검토하는 방법입니다. 섹터 선도주들은 매우 엄격한 선발 과정을 거치는데, 일류 선

도주들에 대한 오랜 연구를 바탕으로 선정됩니다. 모든 기준을 충족하고 섹터 선도주가 되는 종목은 극소수이므로, 이런 종목에는 모두가 관심을 기울여야 합니다. 차트 패턴을 분석하고, 관련 기사도 최대한 많이 읽어야 합니다. 대부분의 대박 종목은 장기 상승장에 해당 분야에서 리더 자리를 오래 유지했던 종목 중에서 나오는 법입니다.

에이미: 초보자나 시간이 부족한 투자자도 이런 기사를 읽으면 성공할 수 있나요?

크리스: 어느 분야에서나 탁월한 실적을 얻으려면 노력을 해야 합니다. 『IBD』는 다양한 방법으로 투자자들을 지원하고 있습니다. 매달 미국 전역에서 열리는 모임이 수백 개나 있는데, 이곳에서 아이디어를 나누고, 우리가 제공하는 시장 분석 방법을 접해볼 수 있습니다. 시장 원리에 대해서도 배울 수도 있습니다. 2011년에는 「리더 보드」 서비스를 새로 도입했습니다. 「리더 보드」는 투자자들 대신 발품을 팔아주는 실시간 교육이라고 할 수 있습니다. 리더 보드 시장팀은 캔 슬림 투자법을 대부분 충족하는 최고의 종목을 찾기 위해 시장을 샅샅이 뒤진 다음 차트에 바닥, 매수 포인트, 보유 및 매도 시점을 표시합니다. 기쁘게도 이 서비스를 참고로 삼는 노련한 펀드매니저는 물론 초보 투자자들이 성공하는 모습을 쉽게 볼 수 있었습니다.

나는 『IBD』에 들어와서 활기찬 강세장, 살인적인 약세장, 그리고 그 사이에 있는 온갖 시장을 겪어보았습니다. 그런데 놀랍게도 새로운 상승세가 시작될 때마다 나타나는 대박 종목 중 대다수가 『IBD』의 관심 종목이나 기사에 언급됐습니다. 성공의 기회는 누구에게나 열려 있습니다.

부록 C

실전, 실행하고 움직여라

매튜 갈가니는 '최고의 주식 최적의 타이밍 How to Make Money in Stocks' 라디오쇼의 공동 진행자이자, 「IBD엑스트라! 뉴스레터 IBDextra! Newsletter」의 편집자이고, 'Investors.com'의 「데일리 스톡 어낼러시스」 진행자다.

에이미: 내가 이 책을 쓰는 동안, 당신은 『최고의 주식 최적의 타이밍: 초보자 길잡이 How to Make Money in Stock: Getting Started』라는 보완 도서를 집필하셨지요?

매튜: 당신이 쓴 성공담이 내게 자극제가 되었습니다. 당신이 책 속에 소개한 이들은 캔 슬림 투자법을 배운 덕분에 인생이 완전히 바뀌었습니다. 그래서 사람들이 다음과 같이 물어올 거라고 생각했습니다. "어떻게 하면 나도 성공할 수 있습니까?" "어떻게 시작해야 되지요?" "정말 나도 할 수 있나요?" "시간이 많이 들어갈까요?" "그들이 배운 것을 나도 배울 수 있을까요?" 이런 질문에 답하기 위해 책을 썼습니다. 간단한 체크리스트를 하나씩 짚어가면서 세 가지 기본 사항인 매수 종목, 매수 시점, 매도 시점을 설명했지요.

터놓고 말하겠습니다. 사람들은 투자할 때 거금을 벌 수 있다는 '희망'과 무일푼이 될지도 모른다는 '공포'를 동시에 느낍니다. 나 역시 그랬습니다. 나는 충분히 가능하고 현실적인 기대를 하는 방법과 절대로 큰 손실을 보지 않는 두 가지 간단한 원칙을 제시하려고 합니다. 투자를 시작하고 싶지만 손해만 볼까 걱정된다면(이는 매우 자연스럽고도 건전한 태도입니다), 내 책의 체크리스트에 따라 안전하고도 합리적으로 투자를 시작할 수 있습니다.

에이미: 당신은 『IBD』 모임 회원 전용인 13부 '모임 투자자 교육 시리즈Meetup Investor Education Series'에서 오닐과 함께 가르치셨죠? 교육 내용을 설명해주시겠습니까?

매튜: 돌아보니, 나는 그 교육 경험에서 영감을 받아 책을 쓰게 된 것 같습니다. 우리의 목표는 투자의 핵심 개념들을 쉽게 설명하

는 교재를 만드는 것이었습니다. 요는 원본을 지키면서 늘리는 방법을 확실히 이해시키는 것이었지요. 교육은 핵심 내용을 모두 다룹니다. 시장에 들어가거나 나오는 시점, 대박 종목에 나타나는 뚜렷한 특성, 차트를 이용해서 최적 매수 및 매도 시점을 포착하는 법 등이 바로 그것입니다.

교재를 하나씩 작성할 때마다 오닐과 나는 슬라이드 하나하나, 단어 하나하나 빠짐없이 살펴보았습니다. 마치 스티브 잡스와 함께 애플 제품을 설계하는 듯한 기분이었습니다. 계속 군더더기를 잘라내면서 교재를 최대한 단순하고도 명확하게 다듬어냈지요.

교재를 만들면서 절감한 것은, 투자 기술은 실전에서 가장 잘 배울 수 있다는 사실이었습니다. 모든 지식을 한꺼번에 쏟아부으면, 효과적으로 사용하기는커녕 이해할 수도 없습니다. 그래서 이해하기 쉽도록 교재 내용을 최대한 작은 단위로 나누었습니다. 그리고 한 단계를 확실히 이해하고 나서 다음 단계로 넘어가도록 했습니다. 『최고의 주식 최적의 타이밍: 초보자 길잡이』도 방식이 비슷합니다. 주식을 사기 전에 살펴봐야 할 요소들을 단계별로 설명했습니다. 다음으로, 최적의 매수 시점을 선정하는 방법을 설명하고, 이어서 매도 계획을 세우고 매도 시점을 정하는 방법을 설명했습니다.

나는 직접 해보면서 배우는 스타일입니다. 책을 읽는 것만으로는 부족합니다. 직접 뛰어들어 해봐야 직성이 풀립니다. 그래야 이해가 됩니다. 그래서 『IBD』 교육과 책 모두에 이런 방식을 반영했습니다. 챕터가 끝날 때마다 '실행 사항'을 제시해서 자신이 알게 된 것을 손쉽게 체득하도록 했습니다. 예를 들면, 관련 '2분 정보(2-Minute Tip)' 비디오를 시청하거나, 도구를 써서 최고의 관심 종목 리스트를 작성하는 식입니다. 이렇게 하면 실전에서 필요한 원칙과 체크리스트를 직접 체험해볼 수 있습니다.

요컨대, 당신이 쓴 성공담에서 영감을 받은 사람이라면 이번에는 스스로 성공담을 만들어내야 합니다. 내 희망일 수도 있지만, 내 책이 여러분의 투자 성공에 도움이 될 거라고 확신합니다.

POINT

시장의 방향이 가장 중요
- 시장의 상승세가 확인되었을 때 투자한다. 대부분의 주식은 시장의 추세를 따르므로 시장과 선도주들이 상승할 때 투자해야 한다.

원금 보존이 최우선
- 매수 가격보다 7~8% 하락하면 반드시 매도한다. 손실 종목은 일찍 자르고, 이익 종목은 계속 달리게 한다.

캔 슬림 투자법을 고수하여 성공 달성
- 원칙을 세워야 한다. 캔 슬림 투자법에 따르면 강세장에서 20~25% 이익을 거두는 것은 얼마든지 가능하다. 보유 종목의 주가는 주요 이동평균을 능가할 수 있고, 능가해야 한다.
- 이 책에 실린 성공담의 주인공들은 캔 슬림 투자법을 준수해서 이익을 냈다. 다른 방법론이나 기법은 추가하지 마라. 성공 확률이 낮아질 뿐이다.

부록 D

유용한 정보

추세의 이해

장기 강세장과 장기 약세장

장기 약세장은 12~18년 동안 이어지며, 주요 지수가 크게 상승하지 못하고 때때로 급락한다. 그 뒤에는 20~30년 장기 강세장이 이어진다. 1900년 이후 장기 강세장 기간에 지수는 200~1355% 상승했다.

중기 강세장과 중기 약세장

장기 추세 안에서 중기 강세장과 약세장이 나타난다. 중기 강세장은 평균 2~4년 이어진다. 중기 약세장은 3~9개월 이어지며, 드물게는 3년 동안 나타나기도 한다.

『IBD』는 1880년 이후 등장한 강세장과 약세장 27건을 분석했다.

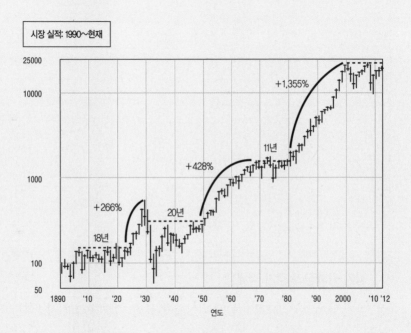

중기 강세장과 중기 약세장 기간의 상승세와 조정

중기 강세장과 중기 약세장 기간에도 상승세와 조정이 발생한다.

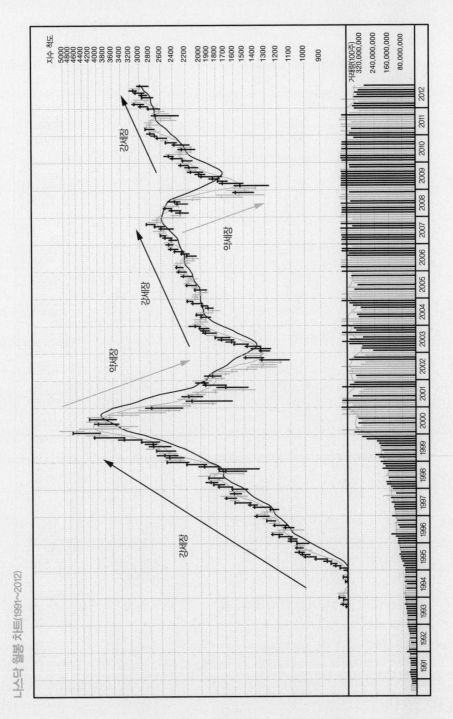

나스닥 월봉 차트(1991~2012)

지수 척도

5000
4800
4600
4400
4200
4000
3800
3600
3400
3200
3000
2800
2600
2400
2200
2000
1900
1800
1700
1600
1500
1400
1300
1200
1100
1000

900

강세장

약세장

강세장

약세장

강세장

거래량(100주)
320,000,000
240,000,000
160,000,000
80,000,000

1991 1992 1993 1994 1995 1996 1997 1998 1999 2000 2001 2002 2003 2004 2005 2006 2007 2008 2009 2010 2011 2012

나스닥 주봉 차트(2008~2012)

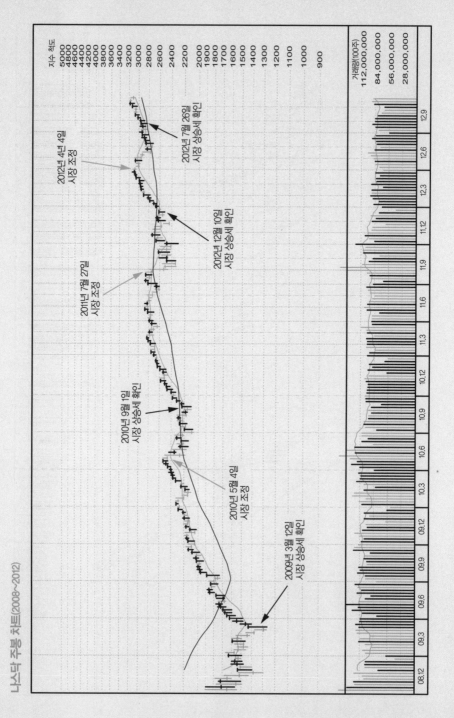

지수 척도
5000
4800
4600
4400
4200
4000
3800
3600
3400
3200
3000
2800
2600
2400
2200
2000
1900
1800
1700
1600
1500
1400
1300
1200
1100
1000
900

2012년 4월 4일
시장 조정

2012년 7월 26일
시장 상승세 확인

2011년 7월 27일
시장 조정

2012년 12월 10일
시장 상승세 확인

2010년 9월 1일
시장 상승세 확인

2010년 5월 4일
시장 조정

2009년 3월 12일
시장 상승세 확인

거래량(100주)
112,000,000
84,000,000
56,000,000
28,000,000

08.12 09.3 09.6 09.9 09.12 10.3 10.6 10.9 10.12 11.3 11.6 11.9 11.12 12.3 12.6 12.9

에이미가 제안하는 20분 일과

현재 시장의 추세 판단

1 『IBD』의 「빅픽처」 칼럼 중 '마켓 펄스' 섹션을 읽는다. 현재 시
   장이 상승세인가 하락세인가?

2 'Investors.com'의 「마켓 랩 비디오」를 시청하면서 선도주들
   의 하루 주가 흐름을 파악한다.

선도주 발굴

1 『IBD』의 「IBD 50」 종목들을 추적한다. 매수 포인트에 접근하
   는 종목들에 주목한다.

2 'Investors.com'의 「주식 동향」에서 대량 거래되면서 상승하
   는 종목을 찾아본다.

3 「더 뉴 아메리카」 기사에서 탁월한 제품이나 서비스를 갖춘
   혁신적 기업에 대해 알아본다.

4 'Investors.com'의 「스톡 체크업」에서 펀더멘털 요소들을 확
   인한다.

에이미의 주말 한 시간 업무

1 『IBD』의 「IBD 50」을 훑어보면서 생소한 이름을 종이에 적는
   다. 'Investors.com'의 기사를 읽으면서 이들 기업을 파악한
   다. 'enter symbol/keyword' 섹션에 종목 코드를 입력한 다
   음, 'search site'를 클릭하면 기사를 볼 수 있다.

2 'Investors.com'의 「데일리 스톡 어낼러시스」 비디오를 보면
   서 차트 분석을 배운다.

3 관심 종목을 갱신한다.
   - 매수 포인트에 접근하는 주식들로 목록을 작성하고, 거래
     량이 40% 이상 증가하면서 돌파하는 종목이 있으면 매수할
     채비를 갖춘다.
   - 바빠서 매매하기 어려울 때는 조건부 매매 주문을 내는 방
     법도 고려한다.
   - 입증된 선도주 가운데 바닥을 다지는 종목을 모아 별도의
     목록을 작성한다.

4 『최고의 주식 최적의 타이밍』을 복습하며 캔 슬림 투자법의
   이해도를 높인다.

추가 일과

앞의 일과에 다음 활동을 추가한다.

1 『IBD』의 「주식 스포트라이트」에 있는 차트들을 확인한다. 이
   들 종목은 S&P500을 크게 능가하므로, 새로 추가되는 종목은
   모두 더 조사해볼 만한 가치가 있다.

2 「리서치 테이블 리뷰Research Table Review」의 섹터 선도주들을 더
   조사해보고, 현재 실적을 확인한다. 이들은 펀더멘털이 최고
   인 종목들로 매출액, 이익, 자기자본이익률 등이 탁월하다.

3 「인더스트리 테마」를 읽으면서 업종별 추세의 흐름을 추적하
   고, 선도 업종에 변화가 있는지 확인한다.

4 『IBD』의 「신고가 리스트New High List」는 52주 신고가에 도달한
   종목들이다. 신고가에 도달한 종목들은 더 상승하는 경향이
   있다. 분석가들이 신고가에 도달한 우량 기업들에 대해서 설
   명해준다.

5 오닐의 글 「미국 최고의 기회를 찾아내서 잡는 법How to Find and
   Own American's Greatest Opportunities」을 읽고 과거의 차트를 공부한다.

더 공부하려면 「투자자 코너Investor's Corner」의 기사를 읽는다.

추가 주말 일과

주말 일과에 다음 활동을 추가한다.

1 「주간 리뷰」의 미니 차트에서 매수 포인트에 접근하는 종목을 찾아본다. 'Investors.com'에서 관련 기사를 찾아 더 조사한다.

2 'Investors.com'이나 「마켓스미스」로 차트 패턴을 공부한다.

3 'Investors.com'에서 「최고의 주식 최적의 타이밍」 라디오쇼를 청취한다.

4 『최고의 주식 최적의 타이밍』 앞부분에 실린 차트 100개로 대박 종목들의 바닥 패턴과 생애 주기를 공부한다.

5 한 주의 매매와 시장에 대한 관점을 일지에 기록한다. 이 자료는 연말의 사후분석에 도움이 된다.

캔슬림 투자법

C = 최근 분기 이익Current Quarterly Earnings이 25% 이상.

- 「주식 스포트라이트」 차트
- 「IBD 50」 차트(월요일·수요일 판)
- 「대형주 20」 차트 (화요일 판)

- 「주간 리뷰」(금요일 판)

A = 연이익 증가율Annual Earnings Growth이 25% 이상(과거 3~5년 실적)

자기자본이익률이 17% 이상.

- 「주식 스포트라이트」차트

- 「IBD 50」차트

- 「대형주 20」차트

- 「주간 리뷰」

N = 신제품New Product, 새로운 서비스New Services, 신고가New Price Highs

등을 보여주는 새로운 기업 데이터.

- 「더 뉴 아메리카」(매일)

- 「IBD 50」차트

- 「인터넷과 기술Internet & Technology」(매일)

- 「신고가 리스트」(매일)

S = 수요와 공급Supply and Demand. 거래량이 일평균 거래량보다 대

폭 증가한 종목.

- 「거래량 변동 비율Volume % change」

- 「수렴/분산 등급Accumulation/Distribution Rating」

- 「주식 동향」

L = 주도주와 부진주 Leader VS. Laggard. 유망 산업군에서 펀더멘털 요
소와 기술적 요소 둘 다 최고인 종목.
- 'Investors.com'의 「스톡 체크업」
- 「IBD 50」
- 「주간 리뷰」
- 「52주 신고가와 신저가 52 Week Highs & Lows」

I = 기관의 뒷받침 Institutional Sponsorship. 대규모 기관투자가들이 사
는 종목.
- 「거래량 변동 비율」
- 「수렴/분산 등급」
- 「주식 동향」

M = 시장의 방향성 Market Direction. 현재 시장이 확실한 상승세인가
하락세인가?
- 「빅픽처」
- 'Investors.com'의 「마켓 랩 비디오」

감사의 글

이 책을 쓰는 데 도움을 준 윌리엄 오닐에게 감사드린다. 원고를 여러 번 읽고 편집해준 캐시 셔먼에게도 감사의 말을 전한다. 차트 주석 작업을 도와준 크리스티나 와이즈, 브라이언 곤잘레스, 제이슨 다모레, 저스틴 닐슨, 에릭 우킬라에게 감사한다.

마이크 스콧, 케빈 마더, 톰 엘리스, 존 매켈도 편집을 도와주었다.

맥그로-힐의 메리 글렌과 훌륭한 스태프에게도 감사드린다.

윌리엄 오닐
최고의 주식 최적의 타이밍
성공투자 스토리

초판 1쇄 발행 2022년 6월 22일
초판 3쇄 발행 2024년 1월 25일

지은이 에이미 스미스
옮긴이 이건
펴낸이 김선준

편집4팀 송병규, 이희산
외주교정 허지혜 **디자인** 유어텍스트
마케팅팀 권두리, 이진규, 신동빈
홍보팀 조아란, 장태수, 이은정, 권희, 유준상, 박미정, 박지훈
경영관리팀 송현주, 권송이

펴낸곳 페이지2북스 **출판등록** 2019년 4월 25일 제 2019-000129호
주소 서울시 영등포구 여의대로 108 파크원타워1 28층
전화 02) 2668-5855 **팩스** 070) 4170-4865
이메일 page2books@naver.com
종이 (주)월드페이퍼·**인쇄제본** 한영문화사

ISBN 979-11-90977-72-2 (03320)